GENYÛ Sôkyû

La Montagne radieuse

Récits traduits du japonais par Anne Bayard-Sakai et Corinne Quentin

Éditions Philippe Picquier

DU MÊME AUTEUR
AUX ÉDITIONS PHILIPPE PICQUIER

Au-delà des terres infinies

Vers la lumière

Titre original : *Hikari no yama*

Mas de Vert
B.P. 20150
13631 Arles cedex

www.editions-picquier.fr

Conception graphique : Picquier & Protière

Couverture : © Josef Jobst « Twilight of the Gods [3/11 Fukushima] », from series « EcoCrisis »

Mise en page : M.-C. Raguin, www.adlitteram-corrections.fr

ISBN : 978-2-8097-1230-8
ISSN : 1251-6007

SOMMAIRE

Les nouvelles *Les Grillons, L'Indignation de Kotarô, La Montagne radieuse* sont traduites par Anne Bayard-Sakai ; *Je traîne ton ombre, L'Araignée d'eau, La Mante religieuse* par Corinne Quentin.

JE TRAÎNE TON OMBRE

Je pensais que la chanson *Minato machi blues (Le Blues des villes portuaires)* que le célèbre Mori Shin'ichi chante avec des trémolos dans la voix était une mélancolique chanson d'amour et de séparation.

« Sur le détroit que j'aperçois au loin / aujourd'hui encore résonne la corne d'un bateau qui s'éloigne. »

Dans le premier couplet un bateau quitte le port de Hakodate, dans le deuxième il sort d'un port de pêche de Sanriku pour poursuivre sa route vers le sud en direction du département de Miyagi.

« L'alcool que je dilue avec mes larmes / a le goût de l'homme qui m'a trompée. »

Trompés ou pas, hommes et femmes, personnes âgées, enfants, tout le monde a été emporté par le tsunami.

« Les ports, Miyako, Kamaishi, Kesennuma. »

Dans tous ces ports, les bateaux ont d'abord été transportés sur les terres, puis ils ont été engloutis par des flots furieux qui ont aussi emporté d'innombrables maisons, et des arbres après les avoir abattus, et des hommes. Derrière eux, ce ne sont que des montagnes de gravats.

Et là, venant du lointain, on entend cette chanson *Le Blues des villes portuaires*...

Au départ ce n'étaient pas des gravats. C'était le tricycle d'un petit frère, le saké chinois de longévité que buvait la grand-mère, les bocaux de violets en saumure que maman se plaisait à préparer, le précieux matériel de pêche de papa, tout cela, et les propriétaires avec, a été englouti par la vague, et avant que quiconque ait eu le temps de crier, tout et tous avaient disparu au milieu des grondements de bête furieuse. Ce qui est resté debout, comme ce qui a été emporté, a fini par être broyé par le monstre, et il n'est resté que des décombres informes.

Dans un refuge où il fait moins deux degrés, le vieil homme, enroulé dans la même couverture que sa petite-fille, dit :

— J'aurais préféré mourir aussi.

— Qu'est-ce que tu dis là !

— J'ai tout perdu.

— ...

— Il ne reste plus personne.

De la morve coule de son nez, des larmes coulent de ses yeux, le grand-père les essuie d'une main tremblante avec son mouchoir. Au lieu de dire « Je suis là, moi », la jeune fille serre dans ses bras la tête et les épaules du frêle vieillard.

Les mains posées sur les genoux de la jeune fille le grand-père lui dit :

— Et ton ami ?

— Papy... Tu savais ?

— Bien sûr. Mais il n'est pas bien pour toi. Il n'a pas un bon travail.

Et puis, immédiatement, il fixe la faible lueur du poêle à mazout avec l'air de regretter ce qu'il vient de dire.

— Bien ou pas bien... il est vivant au moins ?

— ... Ch'sais pas...

Elle essaie généralement de ne pas utiliser le dialecte local mais il lui a échappé. Elle répète :

— Je n'en sais rien, papy.

A travers le tissu, elle serre le téléphone portable qui reste silencieux dans sa poche et, sans se rendre compte de ce qu'elle fait, se retrouve accrochée au cou froid et ridé de son grand-père.

Oshu, une ville un peu à l'intérieur des terres. A midi, autour de la table installée tout au fond d'un restaurant, les parents et la sœur cadette regardent, comme si c'était un Martien, leur fils et frère avaler à grosses bouchées une pleine assiette de viande grillée.

— Tu vas vraiment y retourner ? demande la mère, mais il ne lui répond pas et mâche ses germes de soja, et il continue à se taire et à mâcher quand sa jeune sœur, lycéenne, dit à son tour :

— Tu ferais mieux de ne plus y aller.

Le jeune homme a juste commencé à travailler dans la société Tepco l'année précédente ; aujourd'hui, se nourrir semble être son unique préoccupation et il engloutit la portion de riz qu'il vient de se resservir. L'année dernière, c'était le bon fils dont on était fier de faire savoir au voisinage qu'il avait réussi l'examen d'entrée dans cette entreprise. Mais, depuis la mi-mars, tout a changé.

Une fois par semaine, comme un fuyard, il revient chez ses parents, s'empresse de prendre une douche, s'effondre plus qu'il ne se couche dans sa chambre et dort. Quand il se réveille, les yeux qu'on dirait argentés encore plissés de sommeil, il descend l'escalier toujours sans rien dire. Ses parents, tout en évitant les regards, ne peuvent que l'emmener dans un restaurant pour qu'il mange autant qu'il veut de cette viande de bœuf de Mizusawa qu'il aimait tant, puis le laisser repartir. Pour son père, c'est à la fois humiliant et triste.

Son fils ne critique pas l'entreprise. Il ne veut pas trahir ses collègues. Il fait passer le bien de tous avant son propre intérêt. Est-ce que ce ne sont pas des valeurs que le père a lui-même enseignées à son fils ? Il les a bien intégrées. C'est pourquoi par deux fois, sans se plaindre, sans parler, il est revenu puis reparti. Le père dit à son fils de faire attention à lui, et, à la sortie du restaurant, lui serre la main. Le fils hoche la tête en silence. « Comment ça va avec elle ? » Le père pose la question d'une voix basse qu'il voudrait complice, avec un léger sourire, mais le fils fixe un regard sévère sur son père et répond :

— Je peux pas la rencontrer... Je suis complètement irradié.

Et s'il rit légèrement en disant cela, est-ce aussi un rire qu'il a appris de son père ?

D'un bar, quelque part, parvient une voix de karaoké imitant les trémolos de Mori Shin'ichi. « Bateau qui part / bateau qui rentre au port / bateau de la séparation / bateau revenant sans toi / ta silhouette de dos comme celle d'un inconnu. »

Si c'était un inconnu, le père pourrait sans doute simplement s'amuser de la ressemblance. Mais la démarche du fils, les jambes légèrement écartées, c'est la même que la sienne. Et la façon d'agiter ses doigts blancs en signe d'adieu depuis la voiture dans laquelle il vient de monter ressemble tant à celle de sa femme autrefois qu'il reste figé, comme un animal face à son prédateur.

Il n'a pas fallu plus de trois jours pour que la pneumonie qu'elle avait attrapée emporte la jeune fille. C'est un instituteur se trouvant dans le même refuge qui est allé chercher le corps dans l'hôpital bondé. En fondant en larmes, il dit qu'il a été son professeur principal au collège. Plus tard, après avoir apporté les cendres au temple, le grand-père descend vers le sud par le train qui vient enfin d'être remis en service.

Le jeune policier du poste de Minami-Soma est très ennuyé :

— C'est impossible, monsieur, on ne peut pas aller plus vers le sud, de toute façon les vaches sont déjà mortes.

— Je vous dis que ça ira, les radiations je ne les sens pas. Si les vaches sont mortes, je vais mourir aussi.

— Je vous dis que c'est impossible de passer.

Par la télévision, le grand-père a appris ce qui se passait pour les vaches abandonnées sur place et, sans réfléchir, il a décidé d'aller s'occuper d'elles. Depuis son enfance, il a toujours vécu à côté de vaches et de chevaux. Il n'a pas l'intention de mourir : il a trouvé une raison de vivre. De la radio posée sur le bureau du poste de police s'écoule *Le Blues des villes portuaires*.

« Je traîne ton ombre / à travers les ports Miyako, Kamaishi, Kesennuma. »

LES GRILLONS

Malgré tout, son père avait retrouvé une certaine sérénité depuis qu'il était dans cette maison de repos.

Elle était construite sur une butte, si bien que des fenêtres on voyait s'étendre sous les yeux un océan d'un bleu sombre qui transparaissait à travers les branches des pins. Cette mer que découpait une petite baie, son père en avait-il même conscience...

Il était passé sans aucune réaction particulière devant Aya, qui l'avait pourtant salué à plusieurs reprises, puis devant Michihiko comme s'il se laissait simplement dériver, le regard toujours vague, pour se figer, le visage collé à la fenêtre, tournant vers son fils un dos arrondi caché sous son vêtement de travail de bonze en lin marron.

— Papa... l'appela Michihiko, espérant pouvoir lui présenter de nouveau Aya.

Depuis ce jour-là, il n'avait plus dit un mot en dehors des soûtras qu'il lui arrivait parfois de réciter. Qu'il ait assez de voix pour cela prouvait que ses cordes vocales n'étaient pas en cause, or non seulement il ne parlait plus mais, muré dans son silence, il évitait même de croiser le regard des gens. Sur son crâne, des cheveux duveteux avaient poussé, et il n'était plus le même homme que six mois plus tôt.

— Je m'appelle Kashiwagi Aya.

Alors qu'elle se présentait en le saluant une nouvelle fois, ce n'est pas vers elle qu'il se tourna mais, lentement, vers Michihiko, avant de détourner encore les yeux, le regard fixé dans le vide. Michihiko lui raconta, ou plutôt répéta devant son père comme en demandant confirmation à Aya, qu'elle avait perdu ses parents et son petit frère emportés par le tsunami, qu'ils s'étaient connus dans un refuge, qu'il avait repris tant bien que mal les activités du temple dans une construction en préfabriqué à charpente métallique assemblée à la hâte avant Obon, la fête des Morts, sur l'emplacement même où se trouvait auparavant le pavillon principal, et qu'Aya désormais venait l'aider pour ses différentes tâches.

Que comprenait-il de ce qu'il entendait ? Toujours est-il que la bouche à demi ouverte, le regard flottant dans le vide, son père ne réagit même pas au mot tsunami. Lorsque son fils s'interrompit, il s'assit sur son lit, avant de se remettre debout et de lever ses mains en les tortillant en tous sens d'une manière étrange. Et, agitant toujours les mains comme pour chasser des insectes au-dessus de sa tête, à moitié accroupi, il se mit à tournoyer sur lui-même dans le sens des aiguilles d'une montre.

Dans cet espace d'à peine un mètre entre la fenêtre et le lit, son père s'était, bel et bien, lancé dans son « tourne-tourne ». La directrice de la maison en avait parlé à Michihiko, mais c'était la première fois qu'il le voyait de ses propres yeux. Le déclic demeurait mystérieux, mais plusieurs fois par jour son père répétait, paraît-il, ce rituel qui évoquait une danse. Derrière les deux témoins abasourdis de la scène résonna la voix enjouée d'une aide-soignante qui passait par hasard devant la porte.

— Alors, on « tourne-tourne » ? C'est la forme, je vois, monsieur le bonze !

Eh oui ! Ici, on appelait son père *kurukuru oshô*, « Le bonze tourne-tourne ». La directrice utilisait parfois la formule plus cérémonieuse d'« Evêque tourne-tourne ». Un calembour en écho à *Kirikui no sôjô*, « l'évêque de la souche » des *Heures oisives*[1], suscitant en Michihiko, qui n'ignorait rien de la signification du « tourne-tourne », un sentiment mitigé.

Aya s'était retournée vers lui plusieurs fois, l'air embarrassée, mais bientôt elle s'approcha

1. *Tsurezuregusa*, chef-d'œuvre du genre *zuihitsu*, écrits au fil du pinceau, rédigés vers 1330 par Yoshida Kenkô.

lentement du père de Michihiko, suivie par ce dernier qui avait saisi l'oreiller sur le lit. Il avait l'impression que son père allait s'écrouler comme une toupie en bout de course. Sans doute Aya avait-elle éprouvé la même inquiétude.

Elle, au moins, il fallait qu'il lui dise. C'est avec cette idée en tête qu'il l'appela après le dîner, s'étant assuré que Mî était endormie.

Dans un coin du pavillon principal du temple en préfabriqué, trois paravents étaient dressés pour délimiter un espace où depuis trois jours Aya et Mî s'étaient installées. Mî avait cinq ans, et bien que ni Michihiko ni Aya n'aient de liens de parenté avec elle, Aya l'avait amenée avec elle au temple il y a quelques jours quand elle avait appris que l'enfant, qui avait perdu dans le tsunami ses parents, ses frères, ses sœurs et aussi sa maison, venait de voir hospitaliser sa grand-mère avec qui elle vivait au refuge. A peine avait-elle mangé son riz au curry du dîner qu'elle s'était endormie sur place, sans doute épuisée par l'excitation d'avoir été ce jour-là pour la première fois au jardin d'enfants.

Michihiko transporta au milieu de la pièce centrale, d'une cinquantaine de mètres carrés, la petite table sur laquelle ils avaient dîné, et attendit qu'Aya ait fini la vaisselle à l'évier extérieur pour lui apporter enfin la réponse à la question qu'elle lui avait posée dans la journée.

— « Le bonze “tourne-tourne” », pourquoi ce nom ?, lui avait-elle demandé, sans lui montrer rien d’autre que son profil chagriné, depuis la place du passager qu’elle occupait alors qu’ils se rendaient en voiture de la maison de repos vers le jardin d’enfants.

— Encore heureux qu’on veuille bien l’appeler « Le bonze ».

Il s’était contenté, sur le moment, de cette réponse dilatoire, et Aya, l’air triste, n’avait pas insisté, mais une fois qu’ils eurent regagné le temple, tandis qu’il regardait les cloches, les gongs et autres objets liturgiques anciens ramassés dans les décombres laissés par le tsunami, et même pendant qu’il jouait avec Mî, Michihiko n’avait pu s’empêcher, saisi par l’émotion, de se remémorer des images passées de son père.

Assis en position de méditation et tout en gardant dans un coin de sa tête la photographie de sa mère entreposée dans le chœur, Michihiko laissa remonter l’une après l’autre dans son esprit des scènes dont il n’avait encore jamais parlé. Des images auxquelles il n’avait pas pensé depuis un moment, celles du tsunami lui-même, de cette terrifiante montagne noire qui s’était abattue sur eux en franchissant le toit du bâtiment communal.

Bientôt, Aya le rejoignit, portant un plateau avec du thé.

Elle leva une main en geste de vénération devant la statue principale de Bouddha que ne protégeait plus aucune tenture, puis s'étant mise à genoux pour poser le thé sur la table, elle joignit cette fois les deux mains, en un signe de prière sans doute adressé à Sâkyamuni. Michihiko avait expliqué à Aya qui, de son propre aveu, ignorait tout de ce qui touchait à un temple, qu'il y avait une seule règle à laquelle il lui demandait de se conformer tant qu'elle séjournerait là.

— Quelque chose d'important est, bien qu'invisible, toujours présent. Dans ce pavillon, toute ton attention doit être tournée vers le chœur.

La formulation était vague, si bien qu'Aya avait certainement dû penser, plutôt qu'aux statues bouddhiques qui, emportées par les eaux, avaient perdu tout lustre, aux cendres et aux portraits funéraires des membres de sa famille déposés en bas à droite. La photo de la mère de Michihiko se trouvait d'ailleurs juste à côté. Mais dès le lendemain, les mains jointes d'Aya étaient tournées vers la statue principale placée au centre du chœur. Peut-être voulait-elle s'en remettre à la volonté salvatrice de Sâkyamuni plutôt qu'à la force de ses prières.

Aya, qui regardait fixement l'une des tasses assorties, se mordit la lèvre inférieure. Ce qu'elle faisait toujours quand elle attendait que Michihiko lui parle.

Il la regardait, plongé dans ses pensées.

Célibataire à quarante-trois ans, il n'attendait rien d'Aya et de ses vingt-cinq ans. Mais quand six mois plus tôt s'était produit le séisme, n'était-ce pas parce qu'ils s'étaient retrouvés dans le même refuge et qu'elle lui avait apporté le réconfort de son affection qu'il était enfin parvenu à prendre conscience de ses responsabilités de bonze ?... Cette relation, qui n'était aucunement celle d'un père et de sa fille, ni d'un frère et d'une sœur, mais pas non plus de deux futurs amants, n'était-elle pas digne justement du temple qui l'abritait ? Michihiko se tourna résolument vers Aya et commença à lui parler des origines du « tourne-tourne », autrement dit de l'expérience que son père et lui avaient vécue ce jour-là. Et plutôt que la mettre au courant, ce qu'il voulait vraiment, c'était être écouté par elle.

Ce matin-là, sa mère avait annoncé qu'elle irait au supermarché de l'avenue du bord de mer acheter de la nourriture pour carpes. Plusieurs carpes *nishiki*, offertes par des fidèles, évoluaient dans l'étang du temple, mais la favorite de sa mère, dénommée Gorô, était une noire que son mari et elle avaient jadis capturée dans le bassin de pêche situé du côté de la montagne, et on ne trouvait, paraît-il, ses granulés de prédilection qu'au supermarché du bord de mer.

— Et toi, Michihiko ?, avait demandé son père en mâchant d'un air un peu emprunté son toast du petit-déjeuner.

Avait-il voulu savoir s'il allait accompagner sa mère ? Cette question, Michihiko allait se la poser bien des fois par la suite, mais sur le moment il avait simplement compris que son père s'enquérait de son emploi du temps de la journée. « C'est bientôt les cérémonies d'équinoxe, je vais débarrasser le jardin des mauvaises herbes », avait-il répondu, avant d'ajouter « Et toi ? »

Son père lui dit qu'il devait se rendre chez Mme Koike, une vieille dame qui ne pouvait quitter son lit et dont la maison se trouvait une centaine de mètres plus bas sur la berge de la rivière, pour accomplir le rite de la consécration des tablettes funéraires. Et, avalant son bout de toast avec une gorgée de lait chaud, il avait commencé à lui expliquer les relations que Mme Koike entretenait avec ses beaux-parents, désormais présents dans ces tablettes.

Non bien sûr que Michihiko ait rapporté tout cela en détail à Aya.

— La vieille dame avait un sacré caractère, lui dit-il, et les relations avec les parents de son mari avaient été pour le moins tendues, mais quand elle s'était trouvée alitée et dépendante de sa belle-fille... Sans doute avait-elle pensé qu'elle aimerait le moment venu qu'on lui prépare une tablette funéraire qui serait disposée à côté de celle de son défunt mari. Elle avait un beau jour contacté mon père pour lui dire qu'elle avait fait préparer des tablettes laquées pour ses beaux-parents et lui demander de procéder au rite de la consécration. Et ce jour-là, justement, c'était jour de congé pour sa belle-fille qui avait un travail à temps partiel.

— La consécration ?, demanda Aya d'une voix apeurée.

— C'est un rite pour marquer en somme qu'une tablette va désormais être vénérée.

Aya, se mordant toujours la lèvre, sembla digérer lentement les mots de cette réponse prosaïque, avant de hocher lentement la tête en agitant ses longs cheveux.

Quoi qu'il en soit, peu après le petit-déjeuner, son père avait revêtu son costume de cérémonie et était parti à pied tandis que sa mère prenait la petite voiture qu'elle conduisait grâce à son permis acquis à cinquante ans passé.

Il y avait environ cinq kilomètres jusqu'à la côte. En général, quand elle se rendait jusqu'à l'avenue du bord de mer, sa mère donnait rendez-vous à des amies du voisinage et en profitait pour déjeuner avec elles. Mais on ne savait toujours pas si ce jour-là quelqu'un avait ou non occupé le siège passager.

De retour après avoir accompli le rite des tablettes, son père devait s'être occupé de l'écriture des formules sur les planchettes des cérémonies d'équinoxe. Quand Michihiko, qui avait arraché les mauvaises herbes autour des six *jizô*, était entré dans le pavillon d'habitation, son père était à la cuisine en train de nettoyer ses pinceaux.

— Comment ça s'est passé ?

La question de Michihiko avait suscité un sourire contraint chez son père.

— Décidément, accepter de dépendre des autres, ce n'est pas facile...

— Madame Koike n'en fait toujours qu'à sa tête ?

— Le problème, c'est qu'elle est persuadée qu'elle se débrouillera très bien toute seule pour mourir.

Michihiko se souvenait d'avoir eu cette conversation. Supposant, tout comme son père, que sa mère ne rentrerait pas déjeuner, il avait mis de l'eau à chauffer pour les pâtes avant de ressortir. Quand il avait regagné la cuisine en pensant que l'eau devait juste bouillir, il y avait trouvé son père qui, ayant déjà ciselé les poireaux, s'apprêtait à verser les pâtes dans la casserole. Son père ne détestait pas travailler seul en cuisine, même s'il ne le faisait jamais quand sa mère était là.

Un léger sourire se dessina alors sur le visage d'Aya, qui avait changé de position, glissant de côté les talons sur lesquels elle était assise. « Qu'est-ce qui t'amuse ? » A cette question, elle répondit du tac au tac :

— Vous êtes comme votre père ?

— Non, moi je ne sais vraiment pas cuisiner.

Aya eut alors un sourire dubitatif, avant de se mordre de nouveau la lèvre, silencieuse.

Ils avaient fini leur repas simple fait de pâtes agrémentées de poireaux ciselés, de prunes séchées salées et de pâté de soja frit, et en avaient aussi terminé avec la vaisselle quand le long, si long tremblement les surprit. Comme toujours après avoir mangé, son père somnolait sur le canapé, et Michihiko, installé à la table de la salle à manger, était plongé dans l'ouvrage bouddhique qu'il avait commencé. C'était un jour un peu froid, et aux pieds de son père un poêle à pétrole rougeoyait.

Il eut l'impression d'entendre un grondement sourd. Aussitôt, son téléphone portable émit un signal d'alarme d'une stridence totalement inédite et dehors Bon, leur shibainu, aboya. Les vitres gémirent, une multitude infinie de bruits enveloppa son corps, les cadres tombèrent des murs, un peu partout des objets s'envolèrent. Le poêle s'était éteint automatiquement, laissant échapper de la fumée blanche, mais les secousses ne cessaient pas, et Michihiko, tenant son père par la main, sortit en titubant par la porte de la cuisine.

La berline que conduisait habituellement Michihiko vint heurter avec un bruit sourd le cadre de la porte du garage, les poteaux électriques penchaient dangereusement sous les câbles qui ondoyaient comme des fouets. Des rizières s'étendaient devant le portail du temple, bordées une cinquantaine de mètres plus loin par les berges rebondies de la rivière : la surface de la terre dans cet intervalle remua deux ou trois fois comme si elle était soulevée par-dessous, et une sorte de nuée s'éleva. Laissant au bord du chemin son père qui s'était accroupi là, Michihiko se dirigea vers le pavillon principal pour découvrir Bon qui continuait à aboyer, les statues de *jizô* renversées, et sous ses yeux la grande statue de Gwanyin installée devant le bâtiment s'abattit tête la première. Bon, le chien de douze ans qui hurlait désespérément, était tétanisé. Et même pour quelqu'un comme Michihiko, voir cette poussière blanchâtre se dégager de tout le bâtiment était un spectacle terrifiant. Quand, ayant détaché sa chaîne, il souleva le chien dans ses bras, il vit la terre aux alentours de l'étang se creuser et de l'eau jaillir. Tenant toujours son chien dans les bras, Michihiko repartit vers le pavillon d'habitation pour trouver son père dans la position d'une grenouille, les mains posées à terre, appelant « Maman, maman » d'une voix rauque.

Enfin, les secousses s'atténuèrent, mais c'est un capharnaüm que Michihiko découvrit à l'intérieur de la maison où il avait pénétré par l'entrée principale. Le sol était couvert d'objets, de bricoles, de poupées décoratives, de livres tombés des étagères, et il était soudain devenu impossible de marcher là pieds nus. Foulant de ses pieds protégés par des pantoufles tout ce qui était éparpillé partout dans le plus grand désordre, flacons d'épices, CD, vases brisés, coupe-ongles, journaux, Michihiko parvint enfin à mettre la main sur son téléphone portable tombé à terre et appela sa mère.

Il eut beau l'appeler et l'appeler encore, elle ne décrocha pas.

— Impossible, maman ne répond pas, dit-il en retournant vers l'entrée où son père s'était assis par terre sur le tapis, caressant la tête de Bon qu'il tenait enserrée entre ses genoux.

C'était toujours lui qui l'emmenait promener le soir et lui donnait à manger après, si bien qu'il était pour le chien la personne la plus rassurante. C'était aussi lui qui avait donné le nom de Bon au chiot abandonné devant le bâtiment principal au moment de la fête des Morts, tandis que Michihiko était en formation dans un dôjô à Kyôto.

— Elle était avec qui ?

— Je ne sais pas. Sans doute Mme Satô, ou Kikue...

Satô Kazue ou Horiuchi Kikue étaient membres du groupe de récitations chantées des enseignements de Bouddha, et étaient veuves toutes les deux. Elles vivaient seules, sortir n'était pas simple pour elles faute de moyen de transport, et elles étaient toujours ravies quand sa mère leur proposait de les emmener.

En voyant le désastre à l'intérieur de la maison, Michihiko, son téléphone portable toujours serré dans la main, imagina ce que devait être la situation dans le supermarché, avec les rayonnages de marchandises effondrés partout. Mais il se reprit aussitôt, se disant qu'à cette heure-là, elle devait tout juste avoir fini de déjeuner quelque part. Sushimasa, son restaurant de sushis préféré, ou alors le chinois Tôkarô, le Pavillon aux fleurs de pêcher...

Les secousses s'étant provisoirement calmées, Bon restait tranquille, tête baissée, entre les jambes de son maître assis dans l'entrée. Se tournant vers Michihiko qui essayait pour la troisième fois de joindre sa mère, son père lui fit cette suggestion inattendue, d'une voix un peu ragaillardie :

— On se fait un thé ?

Michihiko hésita un moment avant de se dire que ce serait une pause nécessaire qui les aiderait à reprendre leurs esprits.

Il retourna dans la cuisine, les pieds toujours dans ses pantoufles, et déposa sur un plateau le thermos et la théière miraculeusement intacts, y ajoutant deux tasses pour invités trouvées au milieu de la vaisselle tombée par terre et, mû par une soudaine inspiration, le transistor que sa mère écoutait à la cuisine.

On donnait à la radio la magnitude atteinte par le séisme selon les endroits, précisant qu'au nord du département on était à 7. Et alors qu'ils n'étaient pas revenus de la surprise éprouvée devant ce chiffre inouï, le présentateur, d'une voix tendue, annonça une « alerte au tsunami géant ». « On attend une vague de plus de six mètres. Ordre à toutes les personnes se trouvant en bord de mer de gagner les hauteurs. »

Il répétait alternativement ces mots et l'indication des magnitudes atteintes selon les endroits.

— Six mètres... C'est beaucoup, murmura son père en prenant une gorgée du thé que Michihiko venait de préparer, avant de poursuivre d'une voix relativement calme : L'an dernier, au moment du tremblement de terre au Chili, la vague finalement n'avait pas dépassé le mètre.

Effectivement, malgré l'alerte au tsunami, la vague n'avait pas fait beaucoup de dégâts lors du séisme au Chili en février de l'année précédente.

— Mais si elle dépasse vraiment les six mètres... Même ici on ne sera pas à l'abri... Il vaudrait mieux prendre la voiture et partir.

Michihiko, bien que buvant calmement son thé lui aussi, était décidé à fuir. Il était bien sûr inquiet de ne pouvoir joindre sa mère, mais il se disait qu'avec l'esprit pratique qui la caractérisait, elle avait déjà dû trouver refuge en voiture sur la butte du sanctuaire.

L'entrée où ils étaient assis était celle d'une construction moderne ordinaire, bâtie quelques années plus tôt, et seul le cadre accroché sur le mur d'en face avec la calligraphie du mot *buji*, « détachement », évoquait un temple. La calligraphie, de la main du père supérieur de l'ordre, était certes de travers mais, retenue par un crochet en L, elle continuait à osciller dans le vent froid qui pénétrait par la fenêtre ronde désormais dépourvue de vitre.

— C'est vrai, au début, ils avaient dit six mètres..., intervint soudain Aya.

Elle lui avait déjà parlé une fois de ce qu'elle faisait à ce moment-là. Travaillant comme secrétaire dans une entreprise de transformation des produits de la pêche, elle venait de quitter l'usine, située sur l'avenue de bord de mer, dans la voiture de l'une de ses collègues pour se diriger vers les anciens quartiers d'habitation où se trouvait sa maison. Elle avait dû entendre les informations à la radio. L'alerte au tsunami géant prévoyait une vague de plus de six mètres, mais bien des gens n'y avaient pas vraiment cru.

Au même moment, le jeune frère d'Aya devait, dans une activité frénétique, être en train de faire monter dans un van, par petits groupes, les pensionnaires de la maison de retraite où il travaillait, pour les déplacer et les répartir sur plusieurs autres institutions dont celle où se trouvait maintenant le père de Michihiko. Les grands établissements les plus proches étaient dans la ville voisine, il n'avait pas le temps de les amener là-bas... Le bus du comité des affaires sociales avait été réservé par d'autres, et dans la maison de retraite il n'y avait que deux vans. La radio ne cessait de répéter que le tsunami arriverait dans trente minutes, peut-être même moins.

— Si la vague n'avait pas dépassé six mètres, la maison où travaillait ton frère aurait pu..., commença Michihiko, avant de ravaler ses mots.

Le frère d'Aya, qui avait deux ans de moins qu'elle, venait d'obtenir cette année son diplôme d'aide-soignant en gériatrie, et comme s'il était mort au combat on l'avait découvert à côté de plusieurs chaises roulantes broyées. Pour une raison inconnue, son corps retrouvé à la morgue n'avait plus de bras gauche. A ces mots, les larmes étaient montées aux yeux d'Aya, et elle avait posé la main par-dessus sa robe à la racine de son bras gauche.

De l'avenue côtière jusqu'à la maison des parents d'Aya, il devait bien y avoir trois kilomètres. Elle savait que la ville était quasiment au niveau de la mer, mais la maison était une construction en béton à trois étages, si bien qu'elle ne s'était pas trop inquiétée. De nombreux bâtiments hauts s'élevaient sur les terrains plats près du rivage, et puisqu'un tsunami était une « vague », celle-ci devrait perdre de sa puissance en avançant dans les terres, avait-elle pensé.

Et effectivement, si ses parents avaient fermé le rideau de fer de leur magasin de linge et vêtements du rez-de-chaussée, ils étaient bien là à essayer de mettre un peu d'ordre. Les vitrines étaient intactes, mais le sol était jonché de mille choses, boîtes pleines de draps et de couvertures tombées des étagères, caisse enregistreuse et autres babioles colorées.

— Un tsunami arrive !, s'était-elle écriée en se précipitant dans la maison, à peine descendue de voiture. Ils parlent de six mètres, il faut partir !

Mais son père, accroupi, avait continué à ramasser les marchandises, tandis que sa mère s'était dirigée en hâte vers le fond de la maison.

— Vas-y, ne nous attends pas, on te rejoint tout de suite !

Aya avait perçu une certaine tension, comme si ses parents venaient de se disputer.

Elle pensait savoir combien ils tenaient à leur commerce dans lequel ils s'étaient lancés après avoir quitté des emplois de bureau. Mais on entendait le bruit habituel de la télévision dans la pièce du fond, et, ne mettant pas en doute la promesse de sa mère, sur un « Le lieu de refuge, c'est bien le sanctuaire ? », elle était remontée dans la voiture de sa collègue.

La radio avait, semble-t-il, diffusé par la suite de nouvelles informations dans lesquelles il était question cette fois d'une vague de plus de dix mètres, mais à ce moment-là Aya et les gens qui étaient avec elle étaient déjà au sommet de la butte du sanctuaire et voyaient la vague déferler sous leurs yeux.

Michihiko, lui, ne se souvenait pas d'avoir entendu l'annonce d'une vague de plus de dix mètres. Revenir là-dessus maintenant n'aurait servi à rien, mais le téléphone ayant sonné juste au moment où ils finissaient leur thé, Michihiko s'était précipité dans la salle à manger. Il avait décroché, pour apprendre que l'un des fidèles était tombé dans l'escalier au moment du tremblement de terre et était décédé sans que les secours appelés soient venus.

Il était retourné vers l'entrée pour informer son père qui s'était mis debout aussitôt et, comme il le faisait toujours dans ce genre de circonstances, s'était tourné en direction de la maison du défunt pour s'incliner, mains jointes. Il avait pris l'habitude de réciter les soûtras sur place au lieu de se rendre au chevet des défunts pour le faire, tâche désormais déléguée à Michihiko depuis deux ans environ. Sans doute Michihiko avait-il éteint la radio pendant ce temps. Il ne se souvenait plus très bien, mais se rappelait avoir pensé avec tristesse aux gens qui avaient perdu des proches dans cette confusion générale. Il devait probablement être allé faire tourner le moteur de la voiture après avoir attendu la fin de la récitation du soûtra.

Et au moment même où, accompagné de son père et de Bon, il était monté dans la voiture, son téléphone portable avait sonné. Il avait ouvert aussitôt le clapet pour voir apparaître « Maman » sur l'écran. « C'est maman ! » n'avait-il pu s'empêcher de crier en direction de son père, mais il avait eu beau appuyer sur la touche de prise de ligne, il n'avait pas entendu le moindre bruit, la moindre voix.

Mais peut-être parce qu'ils avaient cru qu'elle allait bien et que le problème résidait dans le réseau, au moment même où Michihiko allait faire démarrer la voiture, son père avait murmuré « Madame Koike, je me demande si ça va... ». Sa maison était un peu plus près de la mer, donc à une altitude légèrement inférieure. Et sa belle-fille était-elle capable toute seule de la hisser dans la voiture avec sa chaise roulante ? A cette idée, l'inquiétude gagna à son tour Michihiko. Mais... Ils n'avaient pas le temps... Certes ils étaient près de la rivière, mais ce n'était pas une zone côtière, s'obligea-t-il à penser.

Quittant le temple, ils commencèrent à rouler au milieu des rizières, pour constater qu'une file de voitures qui se dirigeaient vers les hauteurs occupait la route bordant la rivière. Il était de toute évidence exclu de prendre dans le sens inverse cette voie étroite où il était même impossible de se croiser à certains endroits. Mme Koike avait deux petits-enfants, peut-être sa belle-fille était-elle partie les chercher à l'école, pensa Michihiko, mais il s'abstint de le dire à son père.

— Il faut espérer que ça va aller, on ne peut pas faire autrement. D'ailleurs... On ne pourra pas passer par là.

Il venait, croyait-il se souvenir, de donner cette réponse à son père. A deux reprises, un grondement leur parvint en provenance de la mer, puis le ciel au loin s'embruma, et le sommet blanc d'une montagne noire leur apparut.

Les panneaux publicitaires qui se dressaient vers le ciel nuageux, les toits, les poteaux électriques, étaient abattus comme sous le coup d'une chiquenaude avant d'être engloutis... C'était ça... Le tsunami... Ce n'était pas une « vague », mais une « montagne », un « mur ».

Les sons qui s'échappaient de sa bouche ne devaient sûrement pas former le moindre mot. Il avait émis une sorte de grognement, avait aussitôt enclenché la marche arrière pour ramener la voiture devant le temple et, à peine descendu, avait tiré son père hors de la place passager en lui disant de gagner l'étage du pavillon d'habitation. Prenant dans ses bras Bon, qui s'était mis à aboyer, il s'était précipité à son tour dans la maison, avait verrouillé la porte et était lui aussi monté, poussant devant lui son père par les fesses.

Combien de temps s'écoula-t-il ensuite ? Il avait perdu toute sensation du temps à partir du moment où ils s'étaient enfermés dans la pièce d'une douzaine de mètres carrés où dormaient habituellement ses parents. Il était même désormais incapable de dire dans quel ordre les choses s'étaient passées, entre son père qui avait ramassé par terre le *Soûtra du Diamant* et avait commencé à le psalmodier, et lui-même qui, ouvrant la fenêtre, avait regardé vers l'est.

Vue de là, la montagne noire avançait dans un étrange silence comme si elle-même aspirait au fur et à mesure les sons effrayants qu'elle produisait. Michihiko avait refermé la fenêtre lorsqu'il l'avait vue passer par-dessus le bâtiment communal à deux étages dont le toit avait été comme liquéfié avant d'être englouti par cette immense masse. C'est la fin, se dit-il. Sans doute Bon avait-il perçu quelque chose d'inhabituel dans le comportement des humains. S'arc-boutant de ces deux pattes avant sur les vêtements qui jonchaient le sol dans cette pièce où il était monté pour la première fois, il regardait d'un air anxieux son maître complètement absorbé dans la récitation du soûtra.

Arrivé à ce point de son récit, il se rendit soudain compte qu'Aya avait les larmes aux yeux. Entendre relater dans l'ordre les événements de ce jour-là devait inéluctablement l'amener à penser aux derniers instants de ses parents. Ils étaient en définitive restés dans leur maison, où les pompiers les avaient, semble-t-il, retrouvés au deuxième étage, leurs corps affalés l'un sur l'autre. Pourquoi ne leur avait-elle pas enjoint plus fortement de fuir ? Pourquoi elle seule avait-elle survécu ? A ces questions qui l'assaillaient sans répit, Aya n'avait pas de réponse.

La nuit était tombée d'un coup autour du pavillon principal plongé dans la pénombre, et seul se diffractait dans ses yeux le reflet de la lumière blanche de la suspension à néon qui pendait du haut plafond.

Michihiko repensa alors au fait qu'Aya, encore maintenant, était incapable de boire du thé. Quand elle vivait au refuge, tétanisée dès qu'elle voyait une grande quantité d'eau froide ou chaude, elle ne pouvait pas se baigner ou même se doucher. Aussi essayait-elle autant que possible, quand elle était de corvée de cuisine, d'éviter les tâches près de l'évier et de prendre en charge plutôt la préparation des légumes, mais on ne pouvait toujours faire valoir ses petites convenances personnelles et il lui était parfois arrivé de manquer s'évanouir devant la grande marmite pleine de soupe, obligeant Michihiko, appelé au secours, à la transporter jusqu'à l'infirmerie.

En voyant après la fête des Morts que beaucoup de gens qui s'étaient installés dans les logements provisoires revenaient prendre leur repas dans les refuges, Michihiko avait commencé à offrir des repas dans le pavillon principal du temple qui venait d'être construit, à titre transitoire, avec les trente millions de yens versés par l'assurance. Des fidèles qui avaient perdu leur famille et Aya étaient venus l'aider. Elle parvenait au moins, disait-elle, à se doucher dans le logement provisoire où elle avait déménagé, mais elle semblait encore avoir peur des liquides auxquels elle se trouvait confrontée seule, comme son bol de soupe ou sa tasse de thé. Et souvent, plongeant son regard dans le bol qu'elle avait incliné pour boire la soupe qu'ils avaient préparée tous ensemble, elle avait un mouvement de recul, terrifiée par le liquide qui tournoyait dans les profondeurs.

Michihiko, perdu lui aussi dans ses souvenirs, se taisait. Interrompant sa remontée dans la mémoire, il but, seul, son thé.

Chaque matin, quand il psalmodiait les soûtras, il voyait s'étendre dans son esprit l'image désolée des champs de ruines. Les cadavres de chiens ou de chats accrochés dans des positions biscornues aux arbres ou aux poteaux électriques. Et puis les bras, les jambes, les têtes de gens, à moitié ensevelis dans la boue et les décombres... C'était cela, la scène originaire que Michihiko, courant partout à la recherche de sa mère, n'avait pu éviter de voir et qui n'avait jamais été montrée à la télévision.

Pourtant, Michihiko d'habitude ne remontait pas le cours de ses souvenirs jusqu'à l'instant où la vague s'était abattue sur eux. Sans doute son instinct l'en empêchait-il. Ce moment était sûrement encore scellé parce que le plus terrifiant.

Plus d'une centaine d'urnes, beaucoup sans indication de noms posthumes, étaient disposées dans le chœur. Peut-être ses oreilles bourdonnaient-elles, toujours est-il que d'innombrables bruits lui parvenaient de là comme si des gémissements s'échappaient de ces urnes.

Aya se leva soudain et se dirigea d'un pas lent vers la porte vitrée qui donnait sur le devant du pavillon pour l'ouvrir.

— Oh ! Tous ces grillons ! Vous les entendez ?

Ce n'étaient pas des bourdonnements d'oreille, pas non plus les gémissements des ossements, mais les stridulations d'une myriade de grillons.

Michihiko rejoignit Aya, et s'assit à côté d'elle. Il faisait frais.

Le grondement, quoique tranquille, continuait à résonner comme pour contracter les ténèbres que ne perçait toujours presque aucun réverbère.

Michihiko eut le sentiment que l'air était de plus en plus pur. Il y avait peu de cigales cet été, sans doute l'eau de mer les avait-elle tuées, s'était-il dit. Ces stridulations de vie qui vibraient dans tout son corps éveillaient en lui une joie immense.

C'est installé là, en contemplant cette fois les ténèbres, que Michihiko reprit son récit. Aya, les bras entourant ses genoux, l'écoutait menton levé, les yeux dirigés vers le ciel nocturne.

— La maison se trouvait par là, juste devant le bosquet de bambous.

Là où désormais on ne distinguait plus que quelques étoiles lointaines qui brillaient vaguement.

Bientôt la montagne noire qui avait franchi le toit du bâtiment communal vint heurter la maison où se trouvaient Michihiko et son père. Michihiko, persuadé que tout était perdu, fut renversé sous le coup d'un choc inouï et projeté contre le mur. Pris dans un tourbillon de mouvements violents, il crut entendre des craquements, mais de ses yeux fermés il n'avait sans doute rien vu.

C'est selon toute vraisemblance à ce moment-là que le mur en plâtre du pavillon principal avait été détruit, tandis que quelque chose comme une poutre en bois ou un poteau électrique venait cogner celui de la maison. La pièce à l'étage, dont Michihiko était sûr qu'elle allait être écrasée par le mur d'eau, se retrouva comme détachée du rez-de-chaussée, et si par les vitres brisées de la fenêtre une certaine quantité d'eau avait pénétré, bientôt la pièce, traînant derrière elle la cage d'escalier, s'était mise à flotter, et à dériver.

Son père avait arrêté de réciter le *Soûtra du Diamant* au moment où il avait été renversé, mais Bon avait pris le relais avec ses aboiements. Michihiko n'aurait pas été jusqu'à dire qu'ils avaient été protégés par le soûtra, mais ce n'en était pas moins un miracle. Et à dire vrai, il avait joint les mains en signe de révérence devant son père qui était par terre à quatre pattes.

Mais en réalité, les véritables épreuves étaient à venir.

Devant la fenêtre brisée défilaient des voitures, des enseignes publicitaires, des arbres, des bateaux, entraînés à des vitesses subtilement différentes. Emportés sur le dos d'un monstre qui se nourrissait de tout ce qu'il engloutissait, son père et lui ne risquaient-ils pas à tout moment de le voir montrer ses dents et les attaquer ?

Le paysage à l'extérieur, alors même qu'ils n'avaient pas dû encore être emportés bien loin, était pourtant celui d'un tout autre monde, et des montagnes inconnues ne cessaient de traverser leur champ visuel. L'arche devait en fait dériver tout en tournant sur elle-même. Elle était constamment percutée, et est-ce sous l'effet de la peur ? Bon qui était tapi bondit soudain. Ni Michihiko ni son père n'eurent même le temps de crier. D'un saut désespéré, le chien se jeta par la fenêtre. Michihiko s'était aussitôt précipité pour le retenir, mais c'était trop tard. Sur un dernier aboiement plus fort que les autres, le corps marron avait été englouti par le fauve noir.

A quatre pattes auprès de la fenêtre, Michihiko et son père en sanglots virent ensuite passer devant eux un jeune homme recroquevillé dans une barque, le visage déformé par la terreur. Par-dessous la visière d'une casquette, ses yeux les fixèrent un instant et son père, les mains jointes, le suivit du regard. Michihiko ne lui avait jamais entendu émettre les gémissements qui lui échappaient alors.

Par la suite, l'arche avait continué à être emportée de plus en plus loin, dévoilant à leurs yeux un spectacle atroce. Un instant, avaient jailli un peu partout des profondeurs du liquide noirâtre une multitude de vêtements d'enfants aux couleurs vives... Non, pas seulement leurs vêtements, mais aussi les petits enfants eux-mêmes.

Michihiko et son père s'étaient écartés de la fenêtre mais étaient restés à quatre pattes. Les sanglots de son père qui pleurait, tête baissée, étaient des hurlements de loup.

Michihiko ne pouvait oublier non plus l'étrange sensation de flotter éprouvée au moment où la vague allait commencer à se retirer. Le vent froid s'était soudain calmé, et les hauts pylônes au sommet d'une montagne lointaine lui étaient apparus immobiles. Il s'était demandé un instant s'ils avaient atteint un autre monde. Mais dès que la vague avait commencé à se retirer, l'arche avait été emportée encore plus violemment et rapidement, et, restés à quatre pattes, ils avaient de nouveau été renversés et projetés en tous sens dans la pièce.

Enfin, ils éprouvèrent un choc comme s'ils avaient atteint le pied d'une pente qu'ils auraient dévalée, il y eut un grand bruit, et ils se retrouvèrent allongés dans un monde silencieux. Combien de temps étaient-ils restés ainsi étendus ? Quand Michihiko sortit par la fenêtre, la pénombre régnait déjà dehors, ou plutôt non, il n'y avait plus ni dehors ni dedans, il n'y avait plus qu'un désordre et une confusion sans fin... Un monde assourdissant bien que silencieux... Une neige fine tombait. Verticaux, horizontaux, obliques, tous les axes s'étaient effondrés, d'épais relents de vase montaient des intervalles entre les associations impossibles, celles par exemple de voitures et de bateaux. Il n'y avait là rien de naturel, rien d'artificiel non plus bien sûr. Michihiko, incapable de rien éprouver, n'était sensible qu'au froid de la neige qui virevoltait.

Michihiko secoua son père pour le réveiller et ensemble ils sortirent dans cette pénombre d'un autre monde où dansaient de légers flocons. Ce qui se trouvait là n'était pas encore devenu des décombres. Des maisons détruites, des murs, des chaussures dépareillées, des bols, des ampoules cassées, des arbres, des voitures, des bateaux, des cuillers, une bouteille en verre bleu, une radio, des poteaux électriques, des albums photos, une sacoche, des sacs en plastique à l'usage indéterminable... Ils marchèrent un moment au milieu de cette concrétude anarchique, Michihiko soutenant par son bras gauche son père qui flageolait, se dirigeant où il paraissait possible de passer, quand soudain son père, s'arc-boutant sur ses jambes, s'immobilisa.

Michihiko suivit des yeux la direction qu'indiquait l'index de la main droite de son père : il y avait des gens, là.

Le garde-corps blanc de ce qui devait être une véranda à l'étage était fiché dans le sol, et à côté on voyait un cardigan qui avait dû être blanc mais était maintenant souillé de marron. Quand ils s'approchèrent, son père se mit à trembler. Aucun son ne sortait de sa bouche grande ouverte. Michihiko comprit pourquoi en découvrant un autre corps, qui gisait là dans une position bizarre. C'était Mme Koike, chez qui son père s'était rendu le matin même pour le rite des tablettes funéraires, et sa belle-fille. Renonçant à fuir en voiture, celle-ci avait dû tant bien que mal hisser sa belle-mère jusqu'à l'étage... L'autel domestique avait été renversé et balancé dans ce qui avait été le jardin, le fauteuil roulant, écrabouillé comme par un ogre, gisait plus loin.

— J'arrête... Je te demande pardon, dit Michihiko en se tournant enfin vers Aya. A cause de moi, tu as dû repenser à tout ce que tu préférerais oublier. Je suis désolé. J'arrête.

Aya, le menton toujours sur les genoux, se contenta de serrer les lèvres, ne sachant comment répondre. Puis, levant le menton, elle fit lentement non de la tête.

— Vous essayez toujours de donner le change, mais vous savez, pleurer, ce n'est pas interdit.

Sans doute avait-elle vu ses yeux humides, mais il constata en se retournant vers elle que son regard aussi était embué. Il sentit soudain enfler ses larmes. Bon était mort, Gorô, les carpes *nishiki*, les poissons rouges, la tortue, tous étaient morts. Le cadavre de Horiuchi Kikue avait été retrouvé au milieu des décombres près du bord de mer, et cinq autres personnes du groupe de récitations chantées des enseignements de Bouddha étaient décédées. Mme Koike était morte, sa belle-fille était morte, et le corps du fidèle décédé ce jour-là en tombant dans son escalier avait été emporté comme tous les membres de sa famille. Sa mère était toujours portée disparue. Il vit défiler devant ses yeux l'un après l'autre les visages des défunts et celui de sa mère.

— Donner le change ? Tu trouves ?

Sa voix trembla. Peut-être attendait-il que quelqu'un lui fasse la remarque.

— Mais je vous comprends, d'ailleurs vous ne pouvez pas faire autrement, vous êtes le bonze.

— Tu as peut-être raison.

Il eut l'impression que la tension éprouvée ces six derniers mois se relâchait soudain.

— Mais votre père, maintenir les apparences n'a plus aucune importance pour lui. Puisque... Ce qu'il fait, c'est prier pour tout le monde, je me trompe ?

— ...

— Il s'est retrouvé entouré de tous les côtés par tous ces défunts. Non, d'ailleurs, pas seulement par les personnes, mais par la mort sous tant de formes... C'est pour ça qu'il tourne, non ?

Les larmes qu'il retenait dans ses orbites à grand-peine affluèrent d'un coup. A côté de Michihiko, qui s'était mis soudain à sangloter, Aya, la bouche pressée contre ses genoux, pleurait aussi.

Les hautes flammes de la fête des Morts semblaient ressusciter dans l'obscurité qui leur faisait face.

Une foule à en dilater presque les murs préfabriqués du pavillon principal était venue assister au rite de commencement de la fête des Morts. A la demande de Michihiko, chacun avait apporté un objet ayant appartenu à un défunt et susceptible d'être brûlé. Nombreux étaient ceux qui avaient pleuré pendant la cérémonie, mais alors même qu'aucune récitation de soûtra n'aurait pu être plus triste, Michihiko avait été incapable de faire de même. Le soir venu, il avait allumé un grand feu dans le creux qui avait abrité le bassin et, en même temps que les flammes, s'élevaient les cris de ceux qui y jetaient les objets de leurs disparus. Les sanglots qui provenaient de derrière la statue redressée de Gwanyin et que l'on entendait plus fort que tous les autres étaient ceux d'Aya.

Dans les ténèbres, là, résonnaient non les pleurs mais les stridulations des grillons. On aurait dit qu'ils descendaient du ciel plus qu'ils ne montaient du sol, et Michihiko avait aussi l'impression d'entendre pleuvoir autour du bâtiment principal du temple, comme s'ils revenaient après avoir effectué un long périple, les soûtras récités par ses amis bonzes qui, d'aussi loin que Yamagata, ou d'Iwate, ou encore de Fukushima, étaient accourus lors de la fête des Morts, dans ces jours où il avait fait si chaud.

Tout à coup retentirent cette fois les pleurs de Mî. Elle s'était sûrement réveillée. Le pavillon principal vibrait de sa voix appelant « Maman, maman ! »

Dans les bras d'Aya qui s'était précipitée pour la ramener, Mî avait encore une expression incertaine sur le visage, et il émanait d'elle une odeur de curry au lait.

— Regarde, c'est monsieur le bonze ! Monsieur le bonze !, lui dit Aya à l'oreille.

Mî parut alors enfin se réveiller, et dit :

— Monsieur le bonze ! Aya !

S'asseyant sur les genoux d'Aya, sa jupe rose étalée, elle se tourna brusquement vers Michihiko.

— Tu sais, maman, elle n'est pas venue.

Il se demanda un instant de quoi elle parlait, mais aussitôt le souvenir lui revint. « Si tu veux voir ta maman, tu n'as qu'à prier Gwanyin », lui avait-il expliqué quelques jours plus tôt, quand Mî était venue au temple, devant la statue qui se dressait dans l'enceinte. Sans doute cette statue demeurait-elle seule visible pour elle dans les ténèbres.

— Ni maman, ni papa... Personne n'est venu.

Au-dessus de la tête de Mî à la mine boudeuse, il y avait la tête d'Aya, l'embarras désormais peint dans le froncement de ses sourcils.

— Ah bon, ils ne sont pas venus... Ça va peut-être être un peu plus compliqué alors... Tu sais, il faudrait que tu me racontes un peu comment elle était.

— D'accord.

— Elle était gentille ?, lui demanda Aya.

— Oui. Mais elle était sévère aussi.

Et Mî leur avait alors raconté toutes sortes de petites anecdotes.

— Ah, je vois, ta maman, elle aimait *La Marche des koalas* ! Je n'y aurais pas pensé. Bon, écoute, je vais essayer d'améliorer le plan, alors ça m'aiderait si de ton côté tu priais Gwanyin et lui demandais de nous aider.

— D'accord, je m'en occupe.

Sur ces mots, Mî, toujours dans les bras d'Aya, ferma les yeux et joignit les mains en direction de la statue de Gwanyin qui se dressait dans l'obscurité, tournée vers la gauche. Il y avait une douce rondeur qui imprégnait l'enfant tout entière, et à la voir aussi appliquée on ne pouvait qu'être ému.

— Non, d'ici ça ne marchera pas. Il faudra le faire pendant la journée, en te mettant bien en face d'elle.

— Oui.

Bientôt, Aya, montrant le jardin tout noir, demanda à Mî :

— Tu sais ce que c'est ?

— Ça ?, répondit Mî, avec un mouvement de tête très expressif.

— Ce bruit, tu l'entends ?

— Oui, mais... C'est quoi ?

Les ténèbres étaient de plus en plus épaisses, et les stridulations synchronisées faisaient trembler tout le ciel nocturne. Tandis que tous trois tendaient l'oreille, Michihiko eut l'impression qu'ils émettaient tous le même bruit.

— Tu devrais poser la question à monsieur le bonze.

— Dis, c'est quoi ce bruit ?

— Ce bruit ? Je dirais que ce sont les grillons.

— Les crillons ?

— Les GRI-llons.

En entendant Michihiko insister ainsi, Mî l'imita en répétant « GRI » et se mit à rire.

Elle n'avait, semble-t-il, écouté le chant des insectes que quelques secondes avant de poser une nouvelle question à Michihiko.

— Les grillons, ils ont leur maman et leur papa avec eux ?

Michihiko fut réduit un instant au silence mais, se reprenant, réussit à lui répondre comme si de rien n'était.

— Non, ils ne sont pas toujours ensemble. Parfois ils le sont, mais parfois on dirait qu'ils ne le sont pas... Tes parents aussi, Mî, ils n'étaient pas toujours avec toi, si ?

Michihiko attendit, tendu, la réaction de Mî qui, silencieuse, réfléchissait.

— Peut-être que les grillons, ils doivent chanter comme ça pour voir leurs parents, dit alors Aya, en posant doucement le menton sur la tête de Mî.

— Hmmm... Et moi, il faut que je prie Gwanyin, c'est bien ça ?, fit Mî, sur un ton bizarrement convaincu, et elle joignit pour faire bonne mesure ses deux mains qu'elle avait laissées posées sur les bras d'Aya. Michihiko, ne sachant que répondre, se contenta d'acquiescer d'un mouvement de tête appuyé.

Peut-être ces innombrables grillons qui chantaient étaient-ils tous liés, des parents, des frères et sœurs, des membres de mêmes familles, peut-être ne l'étaient-ils pas. Mais en tout cas, ils faisaient vibrer le même air, attentifs à le faire à l'unisson avec leur entourage.

— Tu sais, les grillons, c'est comme toi, et Aya, et puis moi... Ils s'entendent bien et chantent tous ensemble.

A ces mots de Michihiko, Mî acquiesça et rit.

Peu après, elle s'endormit dans les bras d'Aya, mais les grillons continuèrent longtemps, encore très longtemps, à faire entendre leur chant.

L'INDIGNATION DE KOTARÔ

Elle était déjà venue dans ce commissariat avec Yôhei, son mari, peu de temps avant la catastrophe, régler une contravention pour stationnement interdit. Ils avaient voulu se rendre dans une supérette, mais le parking était plein, si bien qu'ils s'étaient garés dans la rue le temps de faire leurs courses pour trouver à leur retour une petite feuille glissée sous l'essuie-glace. « Non mais, franchement, je sais bien que c'est leur boulot, mais quels salauds ! », avait dit Yôhei en fixant Maki aussitôt qu'il avait repéré l'imprimé sommaire qui leur enjoignait de se présenter au commissariat.

Non qu'il ait été fâché contre elle, mais il avait l'habitude de la transpercer du regard chaque fois que quelque chose l'énervait. Il ne cherchait pas à se plaindre auprès d'elle, il ne lui demandait pas non plus d'être d'accord avec lui. Il était de toute façon absolument persuadé qu'elle l'était, et son regard la traversait comme des rayons X.

L'indignation, une colère d'une absolue pureté. Il lui avait fallu six mois de mariage pour le comprendre, mais jusque-là elle avait eu un peu peur. En général, Maki serrait les lèvres comme lui et, détournant légèrement les yeux, fixait le vide, mais ce jour-là, tremblant de froid devant la supérette dans la neige fine qui tombait, elle avait gardé les yeux fixés sur Kotarô qu'elle tenait dans ses bras.

Quand elle y repensait maintenant, elle croyait se souvenir que Kotarô avait serré les poings comme s'il partageait la colère de Yôhei et, sous son bonnet de laine, lui avait retourné un regard implacable. Mais c'était sans doute une vue de l'esprit.

Son souvenir s'était probablement déformé tandis qu'elle le regardait monter l'escalier devant elle. Tenant serrée sa main droite comme pour la tirer derrière lui, et avec un balancement du postérieur.

Trois mois et demi s'étaient écoulés depuis la catastrophe, et seule changeait la manière de marcher de Kotarô, chaque jour plus assurée.

A propos de souvenirs, elle était surprise de constater que Yôhei lui apparaissait non pas tel qu'il était habillé ce jour-là, mais avec mille vêtements différents. Bien sûr, c'étaient des rêves et rien de plus, mais quand par exemple elle était en train de balayer devant le magasin de fleurs où elle avait récemment commencé à travailler, il lui arrivait de sentir tout à coup posé sur ses mains le regard de Yôhei qui passait par là. Pour une raison mystérieuse, il portait toujours dans ces cas-là une tenue qu'il n'aurait même jamais envisagée auparavant, se contentant d'un « C'est pas mon genre » sans appel. Il lui adressait un léger sourire contrit, et s'en allait sans dire un mot, vêtu d'un costume ou d'un blazer qui ne lui allait pas. Il avait toujours les cheveux courts et frisés, mais pas une fois il n'était apparu avec la veste de pompier qu'il portait quand il avait disparu.

— C'est tout droit, Kotarô, dit-elle en poussant dans le dos son fils qui, une fois franchie la porte automatique, s'était arrêté, pétrifié.

Il avait, semble-t-il, été surpris par la voix qui s'échappait du talkie-walkie de l'un des policiers en uniforme bleu. Le policier, qui portait un casque blanc, dit à son tour à voix haute quelque chose dans l'appareil, suite à quoi plusieurs hommes se dirigèrent à pas rapides vers la sortie après avoir échangé des saluts réglementaires. Les bruits de machine et de messages n'avaient pas cessé pour autant et Maki n'était pas très à l'aise mais, reprenant la main de Kotarô planté au beau milieu de l'entrée, elle se dirigea droit devant elle vers le comptoir d'accueil.

Elle donna son nom et aussitôt un jeune homme en costume-cravate qui se trouvait à proximité s'approcha et lui demanda de le suivre. Elle sentit tourné vers elle le regard de la femme à l'accueil mais aussi de plusieurs autres personnes, et il va sans dire que tout ça était complètement différent de la fois où ils étaient venus régler leur contravention.

— Merci d'être venus. Tenez, c'est par là, dit l'homme d'un ton très poli, avant d'ajouter, d'une voix soudain plus grave : Alors dis-moi, tu as quel âge ?

L'ascenseur qu'ils avaient pris était très étroit, de sorte que les deux adultes se retrouvaient l'un à côté de l'autre, les yeux baissés vers Kotarô. Dans cette boîte devenue brusquement silencieuse, Kotarô serra très fort la main de Maki, et une fois qu'il eut déplié tant bien que mal trois doigts de sa main libre jusqu'à l'annulaire, levant les yeux vers l'homme qui se trouvait juste au-dessus de lui, il dit son nom, qu'on ne lui avait pas demandé.

— Je m'appelle Sekiguchi, Kotarô.

— Kotarô, tu es un grand garçon, dis donc.

Kotarô, qui s'était vu reconnaître le statut de grand garçon, regardant toujours vers le haut, essayait de fermer une bouche qui se rouvrait à chaque fois pour se donner une expression décidée.

— Ne t'inquiète pas, ça ne prendra qu'une minute et ce sera fini, dit l'homme comme pour essayer de le rassurer avant de se mettre à rire, mais Kotarô, lui, ne rit pas, et Maki eut, à sa place, un faible rire qui fit mouvoir ses longs cheveux.

Pas la peine de test ADN, Kotarô était indubitablement le fils de son père, songeait Maki. Non seulement ils avaient les mêmes cheveux frisés, le même regard perçant, mais une petite indignation, qui représentait quelques dixièmes de celle de son père, habitait Kotarô. Elle la percevait. Kotarô continuait à serrer sa main, avec une force que sa petite main potelée ne laissait pas deviner.

Elle avait reçu le coup de téléphone de la police deux jours plus tôt.

C'était un jour où elle ne travaillait pas, et elle était dans son appartement avec Kotarô.

Quand, dans sa cuisine exiguë, elle avait pris l'appel sur son portable, les pièces du puzzle que Kotarô avait commencé étaient éparpillées sur toute la table. C'était un peu avant midi.

La personne au bout du fil lui avait expliqué sur un ton mesuré qu'ils souhaiteraient qu'elle et Kotarô fassent un prélèvement d'ADN afin de faciliter les recherches du corps de Yôhei, toujours porté disparu.

Kotarô était revenu en courant de la pièce d'à côté et, se mettant à genoux sur une chaise, avait saisi une pièce du puzzle pour le continuer. Une fois le travail terminé, on devait voir apparaître deux chatons et un ange qui regardaient côte à côte le ciel étoilé. Mais comme la pièce où figurait le visage de l'ange était perdue, même terminé, le puzzle demeurerait imparfait. Kotarô s'identifiait-il à l'ange aux cheveux frisés ? Ou alors était-ce leur chat Jirô, retrouvé mort près de leur maison entièrement détruite, qui avait un air de ressemblance avec le chat roux de l'image ? Elle avait beau le ranger, Kotarô finissait toujours par ressortir le puzzle pour jouer avec. Ce puzzle incomplet soulignait cruellement l'absence de Yôhei, mais pour Kotarô ce devait juste être le premier cadeau que son père lui avait acheté l'automne précédent et dont il était si content.

— Vous aviez fait le tour des morgues, n'est-ce pas ?

— Oui.

Les mots entendus au téléphone avaient aussi réveillé en elle le souvenir des gymnases et des temples où étaient alignés d'innombrables cercueils. A droite, à gauche montaient des pleurs, les lieux grouillaient de policiers et de gens en blanc qui s'agitaient de manière désordonnée. Yôhei ne pouvait pas être dans un endroit pareil. Elle avait parcouru tous ces centres, incapable de rien voir, avec le sentiment qu'une tornade tourbillonnait à ses pieds.

— Si je me souviens bien, même la bague n'a pas permis de l'identifier ?

— Oh, vous êtes l'inspecteur qui... ce jour-là...

Maki n'avait alors pu empêcher ses yeux de s'embuer.

Pris de compassion pour Maki qui se tenait debout, pétrifiée, dans un coin du gymnase, un inspecteur de police, mince, portant des lunettes à monture noire, l'air gentil, s'était approché en lui proposant de chercher pour elle. C'est quelqu'un qui a des grands yeux, il mesure 1 mètre 76, et puis surtout il a les cheveux frisés, et il déteste l'injustice... Mais en réalité il est gentil... Qu'est-ce que je raconte... Excusez-moi... Il a d'excellentes dents, aucune couronne, aucun implant... Ah oui, il porte une bague à l'annulaire gauche. Une bague pas chère, mais c'est moi qui l'ai choisie... Non, pas argentée, rouge. En laque rouge, ce sont des fils laqués de rouge...

Maki s'était tue alors, ayant l'impression que ces derniers mots allaient provoquer la découverte de Yôhei. Et tout à coup, elle ne s'était plus rappelé si cette bague, que Yôhei disait retirer pour faire ses travaux de plomberie parce qu'elle lui faisait mal, il la gardait ou non quand il rejoignait les pompiers. En s'apercevant que l'inspecteur et un homme en blanc la regardaient d'un air inquiet, elle avait senti l'angoisse monter, irrépressible, que savait-elle de Yôhei, elle n'était plus sûre de rien, et désormais incapable d'éprouver quelque sentiment que ce soit, elle s'était laissée glisser au sol où elle était restée recroquevillée.

Au bout de combien de temps, elle n'aurait su le dire, l'inspecteur l'avait prise dans ses bras pour l'aider à se mettre debout et avait secoué doucement la tête. « Il n'y a qu'un seul homme grand, avec des cheveux frisés, mais il ne porte pas de bague... Vous voulez vérifier ? » Quelqu'un l'avait sans doute soutenue pour l'amener jusque là-bas. Elle était devant un cercueil, entourée par quatre ou cinq personnes.

Elle regardait fixement l'étrange renflement d'un drap blanc.

— La partie droite de la tête est très abîmée, jetez juste un coup d'œil sur le côté gauche.

Maki n'avait pu répondre, elle n'avait pas pu respirer non plus. Elle avait été prise de tremblements, comme de spasmes, sous la poitrine, et elle se souvenait d'avoir eu mal tellement sa gorge était serrée quand, l'instant suivant, une personne en blanc avait déplacé le drap. Etait alors apparu dans son champ visuel voilé un grain de beauté que Yôhei n'avait pas sur le côté du nez.

— Merci encore de toute l'aide que vous m'avez apportée ce jour-là, réussit à dire Maki, après avoir vu Kotarô placer une troisième pièce. Sans même s'en rendre compte, elle s'était assise à côté de lui, et avait posé une main sur son dos.

— Nous disposons d'un millier environ d'échantillons d'ADN de personnes dont les corps ont été retrouvés... Vos profils ADN nous permettraient de savoir si votre mari se trouve parmi elles.

— Je comprends...

A dire vrai, Maki ne savait pas elle-même si elle désirait vraiment que la mort de Yôhei soit prouvée. A supposer qu'un corps corresponde, il serait de toute façon incinéré, et jamais elle n'avait imaginé que l'urne funéraire de Yôhei puisse être entreposée quelque part. Peut-être papa reviendra-t-il un jour sans prévenir, avait-elle raconté à Yôhei, et ses beaux-parents, propriétaires du commerce Pompes Sekiguchi, n'avaient jamais renoncé, aussi abattus qu'ils aient pu être, continuant à présenter des visages souriants à leur petit-fils.

Son interlocuteur au téléphone lui précisa alors, sans détours, que si les parents de Yôhei étaient disponibles, leurs profils permettraient d'atteindre une plus grande certitude. Mais Yôhei n'était que le fils de sa mère. Elle n'y avait pas repensé depuis longtemps. « Mon mari et son père n'ont pas de liens de sang », dit-elle à voix basse après s'être assurée que la nuque de Kotarô, complètement absorbé, était immobile. Au moment où elle prononçait ces mots, elle éprouva un fort sentiment de discordance. Qu'est-ce que ça pouvait bien faire ?... Entre Yôhei et son père, il y avait une imperceptible réserve, qu'on ne percevait que si l'on était au courant. Mais n'était-ce pas précisément de cela qu'enfants et parents liés par le sang avaient le plus besoin ?

— Ah oui... Eh bien, auriez-vous l'obligeance de passer nous voir avec votre fils ?

Pour établir une filiation avec certitude, le profil ADN de l'ascendant et celui du descendant avaient la même pertinence, mais disposer de celui de la mère de l'enfant renforçait encore les chances de parvenir à un résultat sûr, avait-elle retenu.

L'immeuble où ils habitaient au bord de la mer avait disparu dans le désastre, et elle n'avait trouvé que début mai ce logement grâce à l'entremise de son beau-père. Jusque-là, elle avait occupé avec son fils une chambre à l'étage des Pompes Sekiguchi, partageant les repas avec ses beaux-parents. Eux étaient débordés avec la remise en état des circuits de distribution d'eau qui avaient été anéantis, ils avaient même dû embaucher de nouveaux employés, si bien qu'ils avaient des journées pour le moins chargées. Maki avait commencé à travailler chez le fleuriste peu de temps après avoir emménagé là, et non sans mauvaise conscience laissait Kotarô à la garde de sa grand-mère quand elle était au travail. Ses beaux-parents étaient bien sûr heureux d'avoir Kotarô auprès d'eux, mais ce devait être aussi douloureux, car leur petit-fils leur rappelait Yôhei enfant.

Elle se demanda un instant ce qu'il en était pour les parents de Yôhei, souhaitaient-ils vraiment voir confirmée la mort de leur fils ? Mais elle ne se souvenait d'aucun de leur propos qui aurait pu lui livrer un indice. « Tant qu'y a pas d'eau c'est pas une ville » : ces mots que son beau-père adressait à ses employés, elle avait parfois l'impression de les entendre de la bouche de Yôhei. Le beau-père étant chauve, ils ne se ressemblaient pas, mais l'un était bien le fils de l'autre. A trois reprises après la catastrophe, le salaire de Yôhei avait été viré sur leur compte bancaire. Cela ne voulait sûrement pas dire pour autant que son beau-père, un réaliste, ait cru qu'il était vivant. Et si sa belle-mère n'avait jamais montré ses larmes en public, elle devait certainement avoir pleuré. Par-dessus tout, pendant toute la durée où ils avaient vécu sous le même toit, pas une fois son beau-père ou sa belle-mère n'avaient prononcé le nom de Yôhei. Comment imaginer qu'une pareille situation puisse se prolonger indéfiniment ?

Kotarô se retourna vers Maki qui, le téléphone à la main, restait silencieuse, et lui sourit en brandissant une pièce dont les coloris évoquaient les ailes de l'ange. Sans doute son interlocuteur à l'autre bout du fil avait-il cru que Maki était effrayée, il continua sur un ton qui se voulait encourageant, lui expliquant que le prélèvement des cellules se faisait d'une manière vraiment très simple, et que les résultats ne prenaient que deux ou trois jours. De toute manière, c'est elle-même qui avait déposé une demande de recherche de personne disparue, hésiter maintenant n'aurait aucun sens, se décida-t-elle.

— Entendu. Nous passerons.

Elle tendit la main gauche vers la joue de Kotarô et raccrocha. Les résultats pouvaient finalement aller dans un sens ou dans l'autre, cela ne faisait désormais plus grande différence. Et c'était Kotarô, devenu pour Maki comme le socle d'un stabile oscillant sans fin, qui lui avait permis d'arriver à cette conclusion.

La pièce à l'étage regorgeait de gens et de lumière.

Elle reconnut l'inspecteur qui se leva aussitôt et mit sa veste. Elle s'était contentée de jeter un vague coup d'œil à tous les gens en train de travailler à leur bureau, mais elle se rendit soudain compte que l'été était tout proche. Les fenêtres alignées laissaient passer de forts rayons de soleil, et des gens en chemise à manches courtes se figeaient un instant derrière leurs ordinateurs avant de se remettre en action.

— Je vous en prie, asseyez-vous.

Côte à côte avec Kotarô devant le canapé qu'on leur avait indiqué, elle faisait face à la personne qui les avait conduits depuis le rez-de-chaussée et à l'inspecteur qu'elle avait eu au téléphone. Aujourd'hui, il était en costume et non en combinaison de travail comme l'autre fois, mais à les voir assis l'un à côté de l'autre il était clair qu'il s'agissait de deux inspecteurs de police dont l'un avait l'âge d'être le fils de l'autre. Le plus jeune leur servit à tous deux, y compris à Kotarô, du thé, et l'inspecteur aux montures de lunette noires se présenta d'un « Je m'appelle Anbe », l'autre embrayant avec un « Et moi Satô ». Maki fit un salut de la tête après avoir regardé sa plaque d'identité, où son nom était surmonté de quatre fleurs de cerisier. Kotarô, serrant la main de sa mère, était debout appuyé à la fois sur le bord du canapé et les genoux de Maki.

— Et voilà Kotarô. Tu as trois ans, c'est bien ça ?, fit M. Satô d'une voix grave. Mais Kotarô ne répondit pas, et continua à regarder fixement M. Anbe. Il était un peu plus grand que la moyenne de son âge, avec ses 92 centimètres et ses 15 kilos, et ses épaules à peine plus larges que sa tête étaient raides de tension.

— Tu t'appelles Kotarô ?, dit M. Anbe d'une voix calme, et Kotarô acquiesça d'un signe de tête rapide. Ta maman t'a expliqué ce qu'on allait faire aujourd'hui ?

La grosse tête de Kotarô fit un nouveau mouvement de haut en bas, suscitant un gentil « Très bien, très bien » de M. Anbe qui se tourna ensuite vers Maki.

L'avant-veille au soir, et encore au petit-déjeuner ce matin, elle avait expliqué en gros à Kotarô ce qu'ils allaient faire. Et elle avait prévenu les parents de Yôhei la veille, quand elle s'était rendue avec sa petite voiture aux Pompes Sekiguchi pour y laisser Kotarô avant d'aller à son travail chez le fleuriste.

— Ils ont les ADN de toutes les personnes disparues ?

— Qu'est-ce tu t'imagines ? Les disparus, y'a pas leurs ADN, y'a rien du tout. C'est pas les disparus, c'est les non-identifiés.

Cet échange avait eu lieu alors que Kotarô était sorti dans le jardin jouer avec le chien, et à aucun moment ils n'avaient paru trouver bizarre qu'on ne les teste pas. L'ADN n'avait aucune importance pour eux, ou plutôt ils étaient vraiment parents et fils parce qu'ils se moquaient complètement de toutes ces histoires, s'était dit Maki.

Elle ignorait ce que Kotarô avait pu entendre ce jour-là avant qu'elle vienne le reprendre en fin d'après-midi. Sans doute sa belle-mère avait-elle dû lui glisser qu'il allait devoir être un grand garçon ou quelque chose d'approchant. Ce matin, il s'était levé tout seul, ce qui lui arrivait rarement, pendant que Maki préparait le petit-déjeuner. Il s'était aussi débrouillé tant bien que mal pour enlever son pyjama et s'habiller, et s'était mis à table en disant :

— Aujourd'hui, on va à la police, hein ?

Avant la catastrophe, la police ne devait guère évoquer pour Kotarô autre chose que la chanson *Monsieur le policier ouaf ouaf*. Il ne devait pas non plus se souvenir de la visite au commissariat pour la contravention. Mais au moment où les cerisiers étaient en fleur, Maki s'était rendue avec Kotarô au bord de la mer d'où le regard désormais portait étonnamment loin. Et ils avaient rencontré alors de nombreux « policiers » qui travaillaient près des brise-vent dont tous les arbres avaient été arrachés.

Maki avait expliqué simplement à Kotarô ce qu'ils étaient en train de faire, et il avait répondu : « Ils font comme papa. » Aussi petit qu'il fût, il avait bien compris ce que faisait « pour les gens » son père qui, parfois en pleine nuit, partait après avoir revêtu la veste des pompiers volontaires et, même les jours de congé, allait réparer les canalisations. A partir de ce moment-là, la police, les policiers s'étaient, semble-t-il, métamorphosés aux yeux de Kotarô, et ce matin, après avoir déclaré « Aujourd'hui, on va à la police, hein ? », il était allé se laver les dents de lui-même après avoir mangé sans même que sa mère ait à le lui rappeler.

— Il paraît que ton ADN est plus important. Celui de maman n'est pas suffisant pour qu'on sache.

Maki avait l'impression que le lui dire n'avait pas non plus été inutile.

M. Anbe et M. Satô se levèrent tous deux en silence, imités par deux autres jeunes policiers qui attendaient à proximité pour installer parallèlement deux paravents tendus de toile blanche. Une fois les bureaux et les gens masqués par ces paravents, on se serait crus dans la salle de consultation bien éclairée d'un hôpital. M. Satô réapparut, et un peu après M. Anbe qui avait mis un masque blanc et des gants. C'était sans doute le nécessaire à prélèvement d'ADN qu'il tenait dans ses mains. Un sachet blanc oblong, au verso duquel brillait une pellicule de cellophane transparente, et qui contenait un objet d'un bleu clair vif.

Dans l'intervalle, Maki avait enfin porté la tasse de thé à sa bouche et avait aussi fait boire Kotarô qui, bouche ouverte, suivait des yeux les mouvements des deux hommes, si bien qu'il avait renversé du thé sur son tee-shirt et par terre.

— Je suis désolée.

— Non voyons, ce n'est pas grave. Hé !

M. Satô avait à peine prononcé ces mots qu'un des jeunes gens était parti en courant chercher une serpillière.

— Du thé, s'il te plaît.

L'autre jeune avait alors aussitôt apporté la théière. « Non, non », Maki allait ajouter qu'il en avait eu assez quand M. Anbe, assis en face, était intervenu : « Vous savez, il vaut mieux qu'il boive beaucoup et que sa bouche soit bien humide. »

Le ton était gentil, mais plus que les mots, c'est la manière dont fonctionnait cette organisation policière, la tête d'un côté commandant les jambes de l'autre, qui chiffonnait Maki. C'était peut-être cela « la force », celle-là même qui, ce jour-là, avait conduit Yôhei auprès de l'écluse de la digue... Mais y réfléchir ne menait à rien.

Ce qu'ils s'apprêtaient à faire n'était pas grand-chose, elle le savait. Mais elle percevait l'extrême tension qu'éprouvait Kotarô, cette sorte d'investissement aussi de sa part, de sorte que Maki elle-même avait fini par se sentir tendue.

— On peut commencer par vous ? Kotarô, regarde bien comment fait ta maman.

M. Anbe arracha la pellicule de cellophane et sortit du sachet un outil bleu ciel qui avait une forme bizarre. Sur le sachet il était écrit « Whatman ». Qu'est-ce que l'être humain... Qu'est-ce qu'un homme... Et lui, qu'avait-il été...

— Vous allez d’abord introduire dans votre bouche cette partie en forme de tige, et bien humecter la petite éponge avec votre salive. Il est important que l’éponge soit bien mouillée car sinon les cellules collectées dans votre cavité buccale ne se transféreront pas sur ce papier par la suite. Ensuite, il faut que vous frottiez l’intérieur de vos joues, des deux côtés, comme ça.

M. Anbe tendit alors à M. Satô l’outil bleu ciel et, enfonçant un doigt dans sa bouche, fit mine de se frotter l’intérieur des joues. Maki allait, semble-t-il, devoir frotter les muqueuses des deux côtés de sa cavité buccale, d’un mouvement de l’intérieur vers l’extérieur de la bouche. M. Anbe reprit l’outil des mains de M. Satô avant de poursuivre :

— Que je vous explique aussi rapidement ce qui se passe ensuite. Une fois que le prélèvement a été bien effectué, on casse la tige, et on appuie la partie où se trouve l’éponge sur ce papier, là, vous voyez, où il y a un cercle. Le papier est rose, mais il vire au blanc quand il est mouillé. Donc, quand cette partie est devenue blanche sous l’effet du liquide contenu dans l’éponge bien imbibée, le transfert est terminé. On retire alors le papier, on inscrit votre nom au dos du sachet, on le scelle et on envoie le tout pour analyse au laboratoire d’investigations scientifiques du département... Vous avez des questions ?

— Euh, pour les dépouilles, comment...

— Eh bien...

M. Anbe jeta un regard furtif vers Kotarô, mais aussitôt serra les lèvres avec un air résolu avant de reprendre.

— Normalement, on peut faire les prélèvements sur les brosses à dents, les peignes, tout ce à quoi il est possible qu'ait adhéré de l'épiderme... Mais tout a été emporté, n'est-ce pas ?

M. Anbe poursuivit, sur un ton un peu plus hésitant :

— Sur un cadavre récent, on prélève du sang dans le cœur, s'il est abîmé, un ongle... Il grimaça, comme s'il n'avait pas très envie d'en dire plus, puis conclut, comme résigné : N'importe quelle cellule ou morceau de chair peut convenir.

Bien qu'elle ait elle-même posé la question, Maki n'avait pu s'empêcher de baisser la tête. Et quand M. Satô était intervenu pour expliquer comment on prélevait le sang dans le cœur, « entre la troisième et la quatrième côte », elle avait éprouvé un élancement dans la poitrine. Sur celle de Yôhei, il y avait un creux, trace d'une balle de base-ball reçue quand il était enfant. Le receveur avait esquivé un *foul tip* et c'est Yôhei, qui officiait juste derrière comme arbitre, qui avait pris la balle en pleine poitrine, mais malgré la douleur il avait, disait-il, arbitré le match jusqu'au bout, et n'était pas allé à l'hôpital. Maki enfouissait toujours sa tête sur la gauche de sa poitrine, là où elle était plane...

Quelques secondes s'écoulèrent comme en suspens, et quand Maki reprit ses esprits, Kotarô avait posé sa main sur sa cuisse par-dessus sa robe. Ses grands yeux au regard déterminé semblaient vouloir réconforter sa mère.

— Vous n'avez plus de questions ?

— Non... Excusez-moi.

Le temps de dire ouf, et le prélèvement était terminé. Bien sûr, elle était gênée de se frotter l'intérieur de la bouche sous le regard de M. Anbe et M. Satô, ou encore des autres policiers qui semblaient être des stagiaires. Mais il était bien plus important d'aider autant que possible Kotarô à se détendre en lui montrant que ce n'était rien du tout. Il s'était d'abord assis dans le canapé, mais sans doute parce qu'il s'y enfonçait trop profondément, il s'était remis debout pour suivre tous les gestes de Maki.

Quand ce fut son tour, M. Anbe retira son masque et se pencha vers lui.

— Tu veux le faire toi-même, comme ta maman ?

Kotarô acquiesça aussitôt, alors que M. Satô jetait un regard dubitatif à M. Anbe. L'habitude avec un enfant de cet âge était-elle que ce soit la mère ou un inspecteur qui s'en occupe ? Mais M. Satô revint, sans un mot, à ce qu'il était en train de faire. Il retira de l'outil le papier sur lequel les cellules buccales de Maki avaient été transférées et le mit dans le sachet. Puis il le scella et inscrivit au stylo-bille, sans se tromper, le nom et le prénom de Maki.

— Tu sais te laver les dents tout seul ?

Kotarô répondit en acquiesçant encore une fois sur-le-champ à la nouvelle question qui lui était adressée. Il y était effectivement arrivé ce matin, et Maki n'intervint pas.

— Ce n'est pas la peine de frotter plusieurs fois comme pour les dents, alors tu vas voir, c'est beaucoup plus facile.

M. Anbe ayant alors remis son masque, Kotarô avança timidement la main vers l'outil posé sur la table. Mais M. Anbe s'en empara le premier. Sans doute le protocole et la répartition des rôles étaient-ils fixés, telle personne jusqu'à telle étape. Est-ce parce qu'il avait soudain été libéré de sa tension, toujours est-il qu'au moment où M. Satô ouvrait le sachet, Kotarô réclama « pipi ». Maki se leva aussitôt, et M. Satô reposa le sachet avant de se lever à son tour pour les accompagner jusque dans le couloir et leur montrer le chemin.

Maki baissa le pantalon de Kotarô et l'installa devant les toilettes à la japonaise pour découvrir en ressortant M. Satô qui, masque retiré, les attendait.

— Euh... Je voulais juste vous dire que M. Anbe a perdu dans le tsunami son petit-fils, qui avait à peu près le même âge que votre fils. En même temps que sa fille, la maman du petit garçon.

Il avait chuchoté de sa voix grave ces mots qui, indistincts, étaient difficiles à saisir. Mais lorsque, s'étant peu à peu enchaînés les uns aux autres, ils finirent par faire sens dans sa tête, Maki en resta cette fois muette. Elle ignorait pour quelles raisons M. Satô l'avait mise au courant, mais elle eut en tout cas l'impression de mieux comprendre l'atmosphère particulière qui se dégageait de M. Anbe, aussi bien à la morgue qu'au téléphone. Acquiescer était tout ce que Maki était capable de faire.

A cet instant, le temps qui s'écoulait changea de nature. Kotarô était peut-être pour elle le lest d'un stabile, pour M. Anbe il devait se superposer à toutes les images qui suscitaient en lui regrets et douleur. Et elle-même devait lui rappeler sa fille décédée... Maki, bouleversée, était tétanisée.

Une conversation téléphonique avec sa mère qui habitait Shizuoka lui revint en mémoire.

— Comme ça n'a pas non plus l'air de s'arranger à la centrale, tu devrais peut-être déménager par ici avec Kotarô, qu'est-ce que tu en penses ?

A quand remontait cette conversation ?

— Shizuoka, ce n'est pas mieux, tu sais. Et puis de toute façon je ne peux pas partir en laissant tout en plan.

A bien longtemps, se dit-elle.

— Mais il fait bon par ici.

— Ici aussi, l'été il fait frais et c'est bien agréable.

Ce n'était bien sûr pas le problème, mais c'étaient les seuls problèmes dont elle était capable de parler.

— Tu lèches bien. Et maintenant, tu ne bouges plus. Encore... Encore un peu.

En fermant les yeux, elle croyait entendre le grand-père parlant à son petit-fils. Au moment où Kotarô se frotta l'intérieur des joues, M. Anbe se leva à moitié sur sa chaise, comme s'il était prêt à tendre la main vers lui.

— Oui voilà, parfait, très bien... Et maintenant, tu le sors de ta bouche doucement.

On aurait dit qu'il félicitait un petit-fils qui aurait réussi à glisser dans son panier le poisson qu'il avait pêché. Tout content, Kotarô, les deux mains posées sur la table, suivait attentivement les opérations menées par M. Anbe.

Il glissa dans le sachet le papier qui avait viré au blanc puis le transmit à M. Satô qui inscrivit le nom de Kotarô et ce fut terminé.

— Merci encore de votre collaboration, dit M. Anbe et au moment même où il se levait, Kotarô lui adressa un salut réglementaire. Ses jambes n'étaient pas tout à fait jointes, son postérieur pointait un peu arrière, mais sa main droite était traversée jusqu'au bout des doigts d'une force presque anormale. Maki faillit laisser échapper un rire quand elle vit en face d'elle M. Anbe les yeux fermés, la bouche prise dans une grimace, retirer ses lunettes et, se redressant lentement, lui rendre son salut, une expression solennelle sur le visage. Maki sentit quelque chose d'autre monter au fond de son nez. Quelque chose qui allait déborder, comme si des digues s'étaient soudain rompues, quand elle vit M. Satô le saluer à son tour, suivi des deux jeunes gens qui s'étaient précipitamment mis debout pour le faire. Il se passa un bon moment avant que Kotarô laisse s'atténuer dans ses yeux la détermination de celui qui venait au rapport mission accomplie. Personne ne rit, et les saluts restèrent en place, jusqu'à ce que M. Anbe commence à frotter ses yeux embués.

— Dis-moi, Kotarô, c'était une affaire entre hommes, tout à l'heure ?

En sortant du commissariat, Maki ne put s'empêcher de poser la question, qui n'était pas simplement une boutade, en laissant glisser son regard au bout de sa main vers l'enfant.

— Oui, lui répondit Kotarô puis il se mit à rire et à se balancer d'un air embarrassé.

— Peut-être que tu pourrais bientôt aller à la crèche ?

Il avait toujours refusé jusque-là, disant qu'il ne voulait pas, mais elle avait pensé que c'était une bonne occasion pour lui demander. Et comme par hasard, il lui répondit « oui », sans même se balancer.

Les rayons de soleil qui se faufilaient entre les averses de la saison des pluies tombaient sans merci sur leur tête.

Maki regarda autour d'elle en plissant les yeux. Yôhei, qui lui était apparu fréquemment même après qu'elle avait commencé à travailler chez le fleuriste, était invisible.

Elle eut le sentiment d'avoir éprouvé pour la première fois le passage des saisons.

— On pourrait peut-être aller acheter des vêtements ? Tu vas voir, je vais me faire belle, et on va faire aussi de toi un beau garçon, qu'est-ce que tu en dis ?

La robe et le cardigan qu'elle portait, elle les avait depuis avant son mariage, pensa-t-elle. Et Kotarô semblait un peu à l'étroit et avoir trop chaud dans le tee-shirt et le pantalon qu'elle lui avait achetés pendant l'hiver.

Kotarô ne répondit rien et se contenta d'avancer en se balançant vers l'endroit où la voiture était garée, tandis que Maki réfléchissait concrètement au choix des boutiques où se rendre, se disant aussi qu'elle allait, pourquoi pas, acheter un nouveau shampoing. Les pas qu'elle traçait de ses tennis aux semelles usées s'allongèrent d'un rien.

L'ARAIGNÉE D'EAU

Depuis l'intérieur de la voiture dont elle avait renforcé l'air conditionné, Sayuri observait les toits, les arbres, la route, qui semblaient sur le point de fondre dans la lumière, et puis elle prononça tout bas : « césium ». Jolie sonorité...

L'année avant que la chose ne se produise, Sayuri avait lu *La Plus Belle Encyclopédie illustrée du monde des particules élémentaires* qui venait d'être publiée. Kenta l'avait achetée sur un coup de tête mais s'en était rapidement lassé. Attiré par le « K » brillant couleur vieil argent de Kalium, son regard s'était posé en même temps sur le « Cs » de Césium : dans une ampoule portée à la température humaine, il fondait en produisant une couleur dorée qui, plutôt que belle, lui avait paru inquiétante. Mais la sonorité du mot « césium » lui avait semblé assez agréable, c'est vrai. Cé-si-um. Elle écouta sa propre voix et, en s'arrêtant sur le mouvement de ses lèvres pour la dernière syllabe, elle perçut comme une pointe de malice au fond d'elle-même.

L'appel téléphonique de Chiharu ne datait que de la veille.

— Dans le journal, j'ai vu l'annonce des danses de la fête des Morts Obon.

Chiharu lui a lancé cette phrase sans préambule, mais, après une courte conversation, Sayuri a fini par comprendre que Chiharu était déjà arrivée à Sendai et qu'avec sa fille Mika elle voulait rejoindre Sayuri dans leur ville.

— Tu veux venir ?...

Déjà un an et cinq mois que Chiharu est partie pour Hokkaidô, revient-elle pour vivre avec son mari Naoki qui habite dans une maison provisoire en préfabriqué ? Ou bien, comme les autres habitants du village de Futaba, est-ce qu'elle ne revient que ponctuellement pour la fête d'Obon ? Sans demander de détails, Sayuri a simplement répondu :

— J'irai te chercher à la gare.

Sur un côté du petit bâtiment de la gare, un lilas d'été fleurissait comme jamais. Son rose foncé avait quelque chose de cruel. « Les années où le lilas d'été fleurit bien sont des années de bonnes récoltes. » C'est ce que dit un jardinier comme Kenta, ça doit donc être vrai. Pourtant, cette année, plus la récolte de riz de Fukushima sera abondante, plus ce sera triste. Mais ce serait irritant aussi si la récolte était mauvaise... Quelle que soit la façon de voir les choses, c'est affligeant... Ah, quelle chaleur ! L'air conditionné de la voiture est trop faible.

Tout à coup, Sayuri se revit avec Chiharu en train de manger une coupe de glace pilée.

C'était sans doute quand elles étaient au lycée, pendant les vacances d'été, au retour d'un cours de rattrapage, assises, dehors, à la table en bois d'une échoppe. Devant elles est étrangement posée une coupe remplie de césium généreusement arrosé de lait concentré sucré. Sayuri enveloppe la coupe de ses mains. « Ouah, que c'est beau ! » Elle observe le métal fondre et donner une couleur dorée. Chiharu la regarde avec un air gêné...

... Non ! Elle a senti l'ironie enfler en elle. A cause de la chaleur. De sa main droite, Sayuri appuya sur le bouton pour ouvrir en grand la vitre de la voiture. Un vent chaud s'y engouffra et c'est plongée dans cet air lourd, que, comme dans une sorte d'hallucination, elle entendit une voix annoncer l'arrivée du train.

Ses pensées étaient trop denses pour être formulées, alors Sayuri se contenta de sourire et de faire un signe de la main à Chiharu qui arrivait au portillon de sortie du quai en tirant Mika derrière elle. « Il fait plus chaud ici, hein ? » Sayuri s'apprêtait à saisir le gros sac de Chiharu qui se défendit : « Non, ça va aller. » Alors, pour faire quelque chose, elle s'accroupit devant Mika :

— Tu as beaucoup grandi, dis-moi.

— Mmmh, acquiesça simplement Mika.

Sous le chapeau blanc à large bord qu'elle avait retiré, le front rond de la petite fille de cinq ans était parsemé de poils de chat, collés par la sueur.

Sans savoir vraiment pourquoi, Sayuri eut soudain la conviction que ce retour pour les fêtes d'Obon serait ponctuel. Et elle se dit qu'elle devrait éviter tout autant un espoir vain que des critiques inutiles.

Elle se demanda quel souvenir Mika pouvait bien avoir d'elle. C'était l'année précédente, avant que les cerisiers aient fleuri, que Chiharu et Mika avaient soudain disparu du gymnase aménagé en abri de première nécessité. Sayuri y avait retrouvé Chiharu, qu'elle n'avait pas vue depuis plusieurs années, par hasard, alors qu'elle était passée aider à la préparation du repas, et Chiharu lui avait fait la surprise de lui présenter son mari Naoki et sa fille Mika. Et puis, Sayuri avait eu une surprise encore plus grande quand, sans rien dire, un matin, Chiharu était partie avec la petite, en laissant son mari.

Sayuri et Chiharu se connaissaient depuis l'enfance. Trois ou quatre fois, Sayuri avait simplement invité Chiharu à venir dîner chez elle, pour qu'elle sorte du gymnase où elle était réfugiée. Et puis Yûsuke, son fils unique, ayant le même âge que Mika, les deux enfants étaient rapidement devenus amis. Quant aux hommes, Kenta et Naoki, son cadet d'un an, ils avaient sympathisé et discutaient en buvant quelques verres.

— Tu te souviens de moi, hein ? demanda Sayuri en se relevant, et cette fois Mika répondit clairement « oui ».

— Elle était très inquiète pour Yûsuke.

Chiharu avait parlé sans arrière-pensée semble-t-il, mais Sayuri ne sut que lui répondre. Alors pourquoi être partie sans rien dire ? Et pourquoi avoir changé de numéro de portable ? Et d'abord, est-ce qu'elle habite toujours à Hokkaidô ? Toutes sortes de questions lui venaient les unes après les autres. Mais elle dit seulement « merci » en prenant Mika par la main et sortit de la gare déserte pour rejoindre sa voiture.

— C'est une vieille carlingue, mais montez. Désolée, l'air conditionné fonctionne mal.

Pendant le court moment où le moteur n'avait pas tourné, l'air à l'intérieur de la voiture avait chauffé et les enveloppa de sa lourdeur.

— Sayuri, excuse-moi.

Elle roulait toutes fenêtres ouvertes et l'air s'engouffrait à l'intérieur. Au milieu du tumulte du vent, c'est ce que Sayuri eut l'impression d'entendre.

— Tu as dit quelque chose ?

Elle se retourna vers le siège arrière et vit Mika, la tête passée par la fenêtre, et, en premier plan, le visage régulier de Chiharu. Immédiatement, elle se tourna de nouveau vers l'avant, Chiharu ne répéta pas ce qu'elle avait dit et Sayuri n'insista pas.

Tout en conduisant, telle une conteuse, Sayuri expliqua la situation actuelle dans la région. La centrale était globalement stable, la décontamination dans les écoles et jardins d'enfants terminée. Le taux de radiation avait baissé naturellement mais le plus pénible était de devoir continuer à faire face à un ennemi invisible.

— Mon mari, lui, dit qu'il ne va pas se préoccuper d'un truc invisible, moi, je ne vais pas jusque-là, mais il y a aussi des gens qui disent que trop s'inquiéter au point de ne plus bouger et de faire monter sa tension, c'est encore plus dangereux... En fait, on ne sait pas ce qui est juste. Maintenant, tout le monde a repris une vie normale je crois. Mmmm... Normale...

Sayuri n'entendit pas la réponse de Chiharu et se mit à raconter les événements, depuis la pénurie de pétrole, juste après l'accident, jusqu'à la destruction récente des récoltes de légumes et conclut en disant :

— On a tous beaucoup souffert, hein ?

C'était la concession maximale que Sayuri était capable de faire. Chiharu s'enfonça un peu sur le siège arrière au milieu duquel elle était assise et changea de sujet.

— Naoki, il vous doit vraiment beaucoup.

Effectivement, depuis le départ de Chiharu avec sa fille, c'était sans doute le changement le plus important. Avant, Naoki tenait semble-t-il un magasin de fournitures de bureau dans le village de Futaba ; après le sinistre, pendant un temps, quand il logeait dans le refuge, il était régulièrement allé au centre d'information sur le travail, mais, ne trouvant aucun débouché, depuis un peu avant l'été de l'année précédente, il avait commencé à aider Kenta dans son entreprise de jardinage. Naoki arrivait à point nommé, car, avec un seul employé âgé, embauché dans le cadre du soutien à l'activité des retraités, Kenta était débordé de travail. Naoki n'était pas bavard mais il apprenait vite et Kenta l'avait chaleureusement accueilli. Mais jardinier, comme couvreur, était de ces métiers particulièrement exposés aux radiations.

Quelles discussions avaient eues Naoki resté seul dans le refuge et Chiharu qui en était partie, Sayuri ne le savait pas, mais ce qui était sûr c'est que leurs choix de devenir jardinier pour l'un et de partir à Hokkaidô pour l'autre, ne s'accordaient pas.

— Pour nous aussi, il est d'un grand secours, tu sais.

C'est ce que répondit Sayuri, mais n'arrivant pas à se représenter la relation actuelle du couple, elle eut du mal à en dire davantage.

Au même moment, Naoki était sans doute en train de travailler avec Kenta sous le soleil brûlant. Sayuri le voyait quotidiennement, mais ils ne parlaient jamais de Chiharu. La veille encore, quand il était passé chez Sayuri, après le travail, il n'avait aucunement fait allusion à la venue de Chiharu et Mika aujourd'hui. Sayuri n'avait reçu l'appel téléphonique de Chiharu qu'après l'heure du dîner, Naoki n'était donc peut-être pas encore au courant en fin d'après-midi ?

— Naoki nous donne aussi beaucoup d'informations sur les radiations.

Juste après avoir parlé, Sayuri s'en voulut mais « la fleur tombée ne retourne pas sur la branche », ce qui était dit était dit. Sayuri et Kenta ne savaient pas où Naoki trouvait ses informations, mais il les rassurait avec toutes sortes de renseignements. C'est lui qui leur avait expliqué que l'irradiation interne provoquée par le césium réduit de moitié en dix jours chez un enfant d'un an et en un mois chez un enfant de six ans ; que pour les adultes, par contre, cela prend trois à quatre mois. C'était plus convaincant que le « Il suffit de ne pas s'inquiéter » de Kenta. Tout ça, Chiharu devait le savoir par Naoki. Pourtant, avec ces mêmes informations, si Chiharu n'était pas revenue, c'est qu'elle n'était pas convaincue.

Chiharu resta silencieuse un moment avant de répondre.

— Oui, il se renseigne beaucoup... Mais il n'est pas totalement objectif.

Ce n'était pas l'avis de Sayuri. Elle s'arrêta à un feu rouge et appela la vieille fleuriste qui lui offrait souvent des légumes et qui passait justement par là. Elle aurait voulu faire semblant de ne pas avoir entendu la phrase de Chiharu à cause du bruit du vent, mais maintenant que la voiture était à l'arrêt, elle ne le pouvait pas. Gênée, elle dévia la conversation en demandant à la fleuriste comment se débarrasser des insectes qui se collaient à ses plantes. La vieille dame descendit du trottoir pour donner le nom de l'insecticide et la façon de l'utiliser mais ajouta : « Il ne faut pas tuer d'insecte pendant Obon. » Sayuri sentit combien ces vieilles coutumes imprégnaient encore la vie des gens d'ici. Elle remercia, salua en inclinant sa tête aux cheveux courts puis regarda au loin, au-delà du feu de signalisation.

— Mika, regarde, c'est la tour pour les danses d'Obon.

Peinte en rouge et bleu, la tourelle, telle qu'autrefois, trônait devant la mairie. Sayuri salua de nouveau la fleuriste et, tout en appuyant sur l'accélérateur, elle se rappela les fêtes d'Obon de son enfance où elle allait toujours avec Chiharu, toutes deux habillées d'un kimono de coton. Ces journées de leur jeunesse, la barbe à papa qu'elles mangeaient ensemble, la pêche aux petits poissons rouges... Chiharu aussi devait s'en souvenir. Sayuri l'espérait.

— On ira demain, d'accord ?

Tout en regardant la tourelle encore déserte, Sayuri s'adressait autant à Chiharu qu'à Mika et, pour la première fois, elles acquiescèrent toutes les deux, et puis, Chiharu sembla se mettre à raconter quelque chose à Mika. Sayuri eut l'impression qu'il s'agissait de ses souvenirs, mais peut-être aussi de recommandations sur la façon de se comporter pendant qu'elles seraient ici. Sayuri n'entendait pas à cause du vent et des voix des gens autour, plus nombreux que d'habitude.

En route, elles passèrent par le supermarché et, ensemble, firent des courses pour le dîner. Elles parlèrent de choses banales.

— Qu'est-ce que tu fais, là-bas ?

— Tu sais, beaucoup de gens sont venus pour fuir Fukushima. Une association a été créée... j'y participe. C'est à peu près tout. Je tiens à ce que les examens médicaux des enfants qui ont quitté la région, la thyroïde, tout ça, soient faits régulièrement.

— ... Et... tu vis comment ?

— Je travaille à temps partiel comme vendeuse dans un supermarché du coin.

Tout en parlant, elles avaient fait un grand tour du magasin et rempli le panier en plastique jaune de viande, tôfu, vermicelles de konjac. Chiharu insista pour payer alors Sayuri la laissa se charger des légumes. Discrètement, Chiharu choisit bien sûr des poireaux et des champignons *shiitake* produits dans d'autres régions et les mit dans leur panier. Recevait-elle encore de l'argent de Naokí, et une indemnisation ?

Quand on a mal boutonné un vêtement en se trompant de boutonnière, on ne peut rectifier la chose qu'en déboutonnant tout pour recommencer depuis le début... Au milieu du froid de la climatisation trop forte, Sayuri avait un sentiment d'impuissance.

Tant pour la viande que pour les légumes, jamais elle ne s'était autant préoccupée de la provenance des produits. Là, si elle avait été seule, Sayuri aurait choisi du bœuf de la région, bon marché, goûteux et sans danger. Mais Chiharu n'aurait pas été rassurée, alors elle hésita entre de la viande de la région de Gunma et de la viande de Hokkaidô, et finit par mettre dans le panier celle qui provenait de Gunma. Choisir un produit de Hokkaidô lui aurait semblé un peu ironique. L'idée de demander à Chiharu si elle serait d'accord pour prendre de la viande de Fukushima lui traversa un instant l'esprit. Mais elle sentit qu'elle ne pourrait pas poser sincèrement la question. Elle avait peur. Elle ne voulait pas que la réponse de Chiharu la blesse ni devoir se lancer dans un débat devant l'enfant qu'elle venait à peine de retrouver. D'accord sur le fait de fuir au moment de l'accident quand on ne savait rien de la façon dont la situation allait évoluer, mais pourquoi continuer à vivre à Hokkaidô encore maintenant ? Si elle ne s'interrogeait pas sur ce premier « bouton » comment pourrait-elle comprendre Chiharu dont elle ne doutait pas qu'elle faisait de son mieux là-bas pour protéger Mika. Oui. Depuis l'enfance, Sayuri avait confiance en Chiharu. C'était plutôt elle, Sayuri, qui était la plus négligente des deux.

Elles finirent les courses en achetant des glaces qu'elles mangèrent toutes les trois dans la voiture surchauffée et reprirent la route. Sans qu'aucune parole ne soit échangée, le temps passé revint comme un tourbillon.

Quand elles jouaient à la dînette, Sayuri tenait toujours le rôle du papa et Chiharu celui de la maman. Pour faire l'enfant ou l'invité, elles appelaient en général le petit frère de Chiharu ou un petit voisin. Chiharu apportait un vrai couteau à fruit de chez elle et hachait minutieusement des feuilles de plantain ou de trèfle qu'elle disposait sur une assiette. Quand elle avait une idée en tête, elle s'y tenait avec constance, pour les examens scolaires ou pour les entretiens d'embauche par exemple, et c'est ainsi qu'après un diplôme d'études anglaises dans un institut universitaire du département elle était entrée dans la plus grande banque locale, puis, à Futaba où elle avait été mutée, s'était mariée avec Naoki. Elle devait avoir une façon de voir la vie différente de celle de Sayuri qui, malgré une maîtrise dans une université d'art, avait vécu plusieurs années de petits boulots à Tôkyô, puis, ne trouvant pas de travail, était revenue dans son pays natal. Quand elles étaient encore toutes deux célibataires, elles se voyaient souvent ; plutôt à l'initiative de Sayuri d'ailleurs, mais, comme lorsqu'elles jouaient à la dînette, c'était généralement Chiharu qui recevait Sayuri à dîner et la logeait pour la nuit.

Quand Sayuri avait rencontré Kenta, Chiharu était mariée avec Naoki depuis peu. « Ce qui m'a séduite, c'est son sens esthétique de jardinier, un sens esthétique particulier à ceux qui travaillent sur des éléments vivants. » Avec ces mots qui aujourd'hui la feraient rougir, Sayuri avait demandé son avis à Chiharu qui ne lui avait cependant pas répondu quand elle l'avait interrogée sur sa relation avec Naoki. Sayuri avait alors insisté en demandant : « Qu'est-ce qui t'a décidée à te marier avec lui ? » et Chiharu avait répondu, le regard plein de tendresse : « C'est un homme solitaire. »

Kenta n'était ni solitaire, ni calme ni distingué mais Yûsuke était arrivé et Sayuri n'avait plus eu la possibilité d'hésiter. Pourquoi ma vie est-elle si tortueuse ? Il avait pu arriver parfois à Sayuri de se le demander, mais depuis l'accident qui venait de se produire, elle se disait qu'au fond aucune vie ne suit jamais une ligne droite. « Quand on reçoit, il faut servir du *sukiyaki*. » Au printemps ou en été, quelles que soient les circonstances, il fallait toujours servir de la fondue *sukiyaki* aux invités. Cet entêtement de Kenta à fixer les choses une fois pour toutes n'était-il pas ce qui, actuellement, donnait une trajectoire un peu droite à Sayuri ?... En se rappelant les disputes qu'ils avaient eues à ce sujet après leur mariage, Sayuri ne put s'empêcher de sourire.

— Qu'est-ce qui te fait rire ? demanda Chiharu en récupérant les papiers qui enveloppaient les glaces.

— Ah, merci... Un souvenir à propos de mon idiot de mari. Il n'est pas comme Naoki, c'est un sauvage. Ne sois pas trop surprise.

— Je le connais. Il est gentil, non ?

— Il est gros, parle peu, affirme qu'il faut toujours offrir du *sukiyaki* quand on reçoit un invité, est têtu comme une mule.

C'est vrai, oui, sans doute, Kenta est gentil. C'est ce que se dit Sayuri en jetant un regard sur le sac de provisions posé sur le siège du passager. Sa règle d'or personnelle du *sukiyaki* pour les invités n'évitait pas seulement des hésitations, mais réduisait aussi le travail de la ménagère. D'autant que celui qui faisait le service quand il y avait du *sukiyaki*, c'était Kenta...

— J'ai l'impression que l'air gentil de Kenta, c'est surtout une apparence. Et qu'il sait en profiter.

Chiharu ne rit pas. Peut-être que, comme Sayuri, elle s'était aussi demandé si, au fond, Naoki était vraiment gentil. Trois jours plus tôt, alors qu'elle l'avait invité pour le dîner, il était arrivé de son préfabriqué, à cinq minutes à pied de chez Sayuri, en apportant un plan. Pour chaque département y était indiquée par des couleurs différentes la moyenne de radiation, mesurée par un laboratoire quelconque sur l'ensemble du pays, une vingtaine d'années plus tôt et cette année. Sayuri avait oublié les détails, mais il en ressortait qu'il y avait d'autres régions dans lesquelles le taux de radiation était plus élevé qu'ici et que dans beaucoup de départements le taux annuel d’un millisievert était dépassé. « Ils disent qu’ils vont décontaminer les sols pour arriver à un millisievert, ça va représenter un sacré boulot ! » avait dit Kenta en riant, mais, en voyant ce plan, au fond d’elle-même Sayuri s’était sentie soulagée : devant chez elle, le taux de radiation horaire inférieur à 0,3 microsievert était le même que celui de plusieurs territoires dans le Kyûshû et la région du Kinki[1]. Pour Sayuri, ces données précises que Naoki collectait étaient l’expression de sa gentillesse.

En passant devant la mairie, les rizières dans lesquelles le riz était en train de mûrir, ou près des logements provisoires en préfabriqué où la chaleur était étouffante, Sayuri avait plusieurs fois été sur le point de parler de tout cela, mais, finalement, elle ne dit rien de ses pensées. Dans son rétroviseur, seule Mika semblait ne pas être plongée dans des réflexions profondes, et, les yeux plissés, elle continuait à sucer sa glace, comme un chat.

— Salut, Wasshoï !

C’est ainsi que Kenta annonçait toujours son retour à la maison. Wasshoï, leur chien de race *shiba*, s’approcha alors en tirant sur sa chaîne et aboya trois fois. C’était un chiot trouvé un matin de fête d’Automne, d’où son nom, Wasshoï, le cri

1. Dans la région du Kinki se trouvent notamment Kyôto, Ôsaka, Nara.

lancé en cadence par les porteurs des « palanquins divins » lors des fêtes. Un nom donné comme par réflexe, un peu à l'image de « invité = *sukiyaki* ».

Généralement, Kenta repartait immédiatement promener Wasshoï, mais ce jour-là il se décida enfin à s'occuper de son propre jardin.

— Calme-toi, Wasshoï. Attends un peu, lança-t-il au chien tout en apportant un escabeau et une toile cirée bleue dans le jardin où pointait le soleil couchant.

— Ah, tu es rentré, bonsoir.

— 'soir.

— Tu vas bien t'occuper aussi de notre jardin, je compte sur toi.

— Ouais, ouais...

— Naoki, bonsoir. Tu peux venir ici ?

Depuis la terrasse de la maison, il fit un signe de la main pour appeler Naoki, en chemise à manches longues, un sécateur à la main.

— Oh ! s'exclama Naoki en découvrant Mika debout près de Sayuri.

Il devait pourtant s'être préparé, mais l'exclamation sembla lui avoir échappé. Mika avança de deux ou trois pas et l'appela :

— Papa !

Naoki écarta les bras, prêt à l'accueillir, mais Mika n'avança pas davantage et, gênée, se gratta la tête.

— Chiharu !

Naoki l'appela en se tournant vers la cuisine, mais Chiharu posa seulement le couteau avec lequel elle était en train de hacher un poireau et inclina légèrement la tête avec un sourire qui ne semblait destiné à personne en particulier, sans montrer la moindre intention de sortir.

Devant Sayuri et Kenta, elle se sentait un peu gênée, c'était compréhensible. Mais son salut était quand même un peu trop froid. Sayuri essaya de faire mieux, au moins avec Mika et, debout derrière la petite, tenta de la guider vers Naoki, mais la fillette se défila et partit au bout du couloir rejoindre Yûsuke en train de nourrir ses scarabées-rhinocéros.

Pendant un moment résonna dans le jardin le bruit de l'élagage des camélias, pruniers, bosquets de roses et autres. Kenta s'occupait de la coupe, Naoki rassemblait les branches sur la toile cirée puis allait les déposer dans un terrain vague derrière la maison. Wasshoï faisait les allers-retours avec lui en aboyant mais, au bout d'un moment, quand le ciel commença à prendre les couleurs du couchant, on n'entendit plus que le bruit du transport des branches.

Tout en pliant les vêtements de Yûsuke et Kenta qui avaient séché, Sayuri jeta un regard dehors et pensa à l'irradiation que subissaient les deux hommes qui s'activaient sans s'inquiéter de rien. Elle se rappela que l'été précédent, Kenta lui avait parlé d'une rumeur qui circulait parmi ses confrères selon laquelle les aiguilles de pins atteindraient cent becquerels. « La quantité de becquerels est ce qu'elle est, mais quand les cheveux poussent on va chez le coiffeur et quand les branches poussent on élague », c'est ainsi que Kenta avait évacué le problème. Naoki avait immédiatement expliqué à Sayuri comment convertir les becquerels en sieverts et elle avait ainsi appris que l'irradiation pour la prise d'une radio médicale était plus élevée, mais elle ne savait pas ce qu'il en était des plantes autres que le pin. Tailler des branches quotidiennement et les transporter ensuite à pleins bras était une activité qui ne pouvait qu'entraîner une certaine irradiation.

— Même sans ça, on peut se retrouver avec un cancer. Ma mère par exemple. Et mon premier patron, il est tombé d'un toit avant d'avoir un cancer. On ne sait jamais ce qui peut arriver, ça ne sert à rien de s'inquiéter.

C'est ce que son mari avait répété tant de fois à Sayuri. Elle se disait qu'après tout c'était sa façon de voir la vie, mais pour essayer au moins d'éviter l'irradiation interne, ce qu'elle pouvait faire, elle, c'était aller au centre d'analyse pour vérifier le taux de radiations des légumes qu'on lui offrait dans le voisinage.

Certaines personnes lui avaient aussi conseillé d'envoyer Yûsuke dans une autre région pendant les vacances d'été. Mais il était encore un peu petit pour partir seul et elle ne pouvait pas imaginer de laisser la maison au moment où il y avait le plus de travail. Elle avait donc abandonné cette idée l'été dernier. Quand elle pensait à l'irradiation dont elle savait si peu de choses, ses réflexions se portaient toujours sur sa famille. Elle réalisa combien elle avait du mal à comprendre la façon de vivre de Chiharu, Naoki et Mika.

— Tu fais chauffer le bain ? lança Kenta depuis la coursive.

Quoi qu'il arrive, il prenait un bain avant le dîner, c'était gravé dans du marbre.

— Oui, répondit Sayuri que ces stupides règles absolues réjouissaient.

Chiharu prit d'abord un bain avec Mika et, pendant ce temps, Sayuri se fit aider par Yûsuke pour dresser la table pour le dîner dans le salon. Quand il y a des invités, on sert le *sukiyaki* dans le salon, et on mange quand tout le monde a pris son bain. C'était une règle de courtoisie de la famille de Kenta qui était respectée depuis la génération de son père. Inutile d'y réfléchir, l'accident nucléaire n'y avait rien changé. En lavant le petit dos bronzé de son fils, Sayuri se dit que ces habitudes familiales lui apportaient un certain sentiment de sécurité. Quelles pouvaient donc bien être les règles qui soutenaient la vie de Chiharu et Naoki ?

Naoki partit prendre son bain dans son préfabriqué puis revint ; pendant ce temps, Kenta fit une promenade un peu raccourcie avec Wasshoï et prit un bain rapide. Quand tout le monde fut assis autour de la table, Kenta, à peine sorti du bain, alluma de l'encens dans le petit autel familial, dans un coin du salon. Comme d'habitude, c'était le rituel de début du dîner.

Mettre plein de sucre et de sauce de soja dans la sauce du *sukiyaki* était un autre des principes invariables de Kenta, et, avec la même surprise que Sayuri autrefois, Chiharu resta bouche bée en le voyant préparer la marmite et Naoki, lui, se mit à rire. Mais immédiatement, tout le monde sembla convaincu, sans doute parce que chacun trouva que c'était effectivement succulent ainsi. Sayuri s'amusa de la réaction des trois convives, puis elle mit le ventilateur en marche pour dégager la fumée.

Sayuri avait la vague impression que Kenta parlait moins que d'habitude.

— Ces derniers temps, on n'a pas pris de congés. La fatigue commence à se faire sentir, hein ?

Kenta s'était adressé à Naoki, et, à sa façon, il avait sans doute senti qu'il devait faire attention à ne pas faire d'impair dans ce qu'il dirait. La première tournée de *sukiyaki* terminée, Naoki et Kenta buvaient, les uns après les autres, les verres d'eau-de-vie coupée avec de l'eau que Sayuri leur servait en ajoutant quelques glaçons à chaque fois.

— La deuxième tournée est prête !

Comme sur un ordre de Kenta, toutes les baguettes se pointèrent en même temps vers la marmite. Chiharu s'occupait attentivement des enfants. Imitant le bon appétit de Yûsuke, Mika mangeait aussi beaucoup. Sans doute parce qu'elle avait pu elle-même choisir les légumes, Chiharu ne laissait paraître aucune inquiétude. Elle en servait sans réserve dans les assiettes des enfants et semblait elle aussi manger de tout sereinement. Mika finit par monter sur les genoux de Naoki, puis s'installa confortablement entre ses jambes ; Chiharu et Naoki qui ne s'étaient pas encore dit grand-chose se mirent à se parler à voix basse. Ils échangeaient des propos anodins sur le climat et le logement à Hokkaidô, la santé de Naoki et la vie dans un préfabriqué provisoire, mais les voir ainsi se parler calmement remplit Sayuri de joie. Inutile de chercher des explications compliquées. Une famille doit vivre ensemble, c'est clair...

— Ça fait longtemps que vous n'avez pas pris un bain en famille, hein ? dit Kenta puis, après s'être battu un troisième œuf, il y trempa un morceau de viande et ajouta : J'espère que ce soir, dans le préfabriqué, vous allez pouvoir discuter tranquillement.

Chiharu et Naoki échangèrent un très court regard mais c'est Chiharu qui, la première, détourna les yeux. Et puis, tout comme Sayuri, elle se mit à boire en bonne quantité la même eau-de-vie bien coupée.

Au bout d'un moment, une pluie orageuse se mit soudain à tomber.

« Wasshoï ! » cria Yûsuke en se levant et Mika le suivit en courant vers la pièce attenante. Ils devaient avoir le ventre plein. On entendit Wasshoï aboyer contre l'orage et les appels « Wasshoï ! », « Wasshoï ! » lancés à tour de rôle par Yûsuke et Mika pour tenter de le calmer se mélangèrent à la voix du chien. Comme la promenade d'aujourd'hui avait été raccourcie, une certaine insatisfaction et une demande accrue d'attention se faisaient sentir dans la voix de l'animal. Sayuri déposa de la viande sur une petite assiette et quand elle la lui apporta Wasshoï sortit de sa niche et frappa le sol de l'entrée de ses pattes avant. « Wasshoï ! » le gronda-t-elle et elle rit en se disant que ce serait quand même mieux, quand on le réprimandait, de pouvoir utiliser un autre nom que cet encouragement à s'agiter.

Sayuri ferma la moustiquaire et la porte-fenêtre et, laissant les enfants avec le chien, retourna dans le salon où Kenta, Naoki et Chiharu avaient tous les trois le visage tourné dans la même direction et regardaient au-dessus de la cloison de papier coulissante. Un masque un peu terrifiant de démon Hannya que le père de Kenta avait rapporté autrefois d'on ne sait où, depuis sa position en hauteur, dans la demi-obscurité, regardait la pièce avec ses yeux dorés. A côté de lui étaient alignés plusieurs diplômes ou importantes lettres de félicitations mis sous cadres.

— Qu'est-ce qui vous arrive ? demanda Sayuri.

Et Chiharu répondit immédiatement :

— J'ai demandé ce qu'était ce masque.

— Il a l'air très en colère, hein ?

Kenta s'adressa à Sayuri qui s'était réinstallée à table.

— Oui...

— Envers Tepco, ou le premier ministre, peut-être ?

Ces mots de Kenta firent rire Naoki et Sayuri, mais pas Chiharu, qui garda les yeux levés vers le masque. Naoki qui buvait en silence se tourna vers Sayuri :

— Ça représente la jalousie de la femme. C'est ce que j'ai entendu dire.

— Ouah ! La jalousie ? C'est effrayant ! Arrête avec ça, s'il te plaît.

— C'est pas ça du tout. C'est pour éviter que son mari dévie du droit chemin que la femme se transforme en démon, pas vrai ?

Sayuri se mit à rire, mais Chiharu ne se déridait toujours pas. Sayuri chercha ce qu'elle pourrait ajouter mais ne trouva rien à dire et Kenta, gêné, prit du tôfu dans la marmite.

Pendant qu'ils s'étaient remis à picorer et à boire de l'eau-de-vie, la pluie s'était arrêtée et Wasshoï avait cessé d'aboyer.

— Oh, une araignée d'eau !

La voix joyeuse de Yûsuke leur parvint depuis la pièce attenante. Le silence créé par le masque de Hannya était un peu gênant, alors Kenta saisit l'occasion pour se lever en lançant :

— Un gerris ? La nuit ?

Et Naoki se leva également en murmurant :

— J'ai nettoyé la vasque du jardin et j'ai changé l'eau. L'effet est vraiment immédiat.

Sayuri se leva à son tour et, sous l'effet d'une impulsion, décrocha le masque en disant :

— Un petit moment, s'il te plaît.

Puis elle passa rapidement à la cuisine et, après avoir frotté le masque avec un torchon humide, elle le tendit à Chiharu qui éteignit le gaz sous la marmite de *sukiyaki*, se remit sur les genoux et saisit le masque mais, s'inquiétant soudain des enfants, elle demanda :

— Les petits, qu'est-ce qu'ils font ?

Elle passa dans la pièce à côté, Hannya toujours à la main. Plus tard, Sayuri en repensant à tout cela se demanda pourquoi elle avait donné le masque à Chiharu, mais elle ne le comprenait pas elle-même.

Sayuri rejoignit tout le monde en dernier : ils avaient ouvert la porte-fenêtre en verre, étaient descendus directement dans le jardin à partir de la terrasse et observaient la vasque sous l'érable. L'arbre de Takao qui venait d'être élagué était comme métamorphosé et donnait une impression de fraîcheur totalement différente de la veille ; la lumière de la lampe à vapeur de mercure caressait le feuillage, et les branches nettoyées par la pluie se reflétaient dans l'eau de la vasque où, effectivement, se trouvaient plusieurs gerris. Ils se déplaçaient sur l'eau en faisant briller l'extrémité de leurs six longues et courtes pattes. Kenta rompit soudain le silence.

— Savez-vous pourquoi on les appelle *amembo* ?

Sa question était sans doute destinée aux enfants, mais Yûsuke et Mika se contentèrent de regarder Kenta bouche bée.

— Et toi, Naoki, tu connais cette histoire ?

Naoki fit non de la tête. Kenta se tourna vers Sayuri et Chiharu.

— Parce qu'il apparaît après la pluie ? proposa Sayuri.

— Mauvaise réponse ! lança Kenta avec une mimique interrogative un peu exagérée et un air triomphant.

— Tu veux dire que le *ame* d'*amembo*, ce n'est pas la pluie ? demanda Naoki avec calme.

— Excellente remarque ! répondit Kenta avec un sourire plein d'assurance.

— Hein ? C'est pas vrai !

Sayuri et Chiharu laissèrent échapper des exclamations ingénues.

— Réfléchissez, *amembo*, c'est quoi ?

Kenta s'accroupit et cette fois il posa la question aux enfants.

— *Ame*, qu'est-ce que ça vous évoque ?

Yûsuke répéta exactement le mot avec l'intonation de Kenta :

— *Ame*.

— Oui, c'est ça, *a-me*.

— *Ame*, dans le sens de sucrerie ? cria Sayuri d'une voix un peu trop forte.

— Oui ! Bonne réponse !

— Vraiment ?

Les voix de Sayuri et Chiharu s'étaient de nouveau superposées. Surpris, Wasshoï sortit de sa niche et aboya. Ravi d'avoir donné la bonne réponse, Yûsuke sautait de joie.

— Du calme, Wasshoï !... Je vous assure que c'est vrai. A ce qu'il paraît, le gerris est sucré. Et il sent aussi comme le sucre. C'est pour ça qu'on l'appelle *amembo* : le petit sucré.

— Qui est-ce qui l'a goûté ? C'est des fadaises. Tu y crois, toi ? Il y a quelqu'un qui aurait mangé cet insecte ?

Ce que disait Sayuri sonnait comme des reproches moqueurs. Chiharu, le masque de Hannya toujours entre les mains, gardait le silence et observait le visage de Kenta. Naoki, les bras croisés à côté de Chiharu, ouvrit enfin la bouche :

— Est-ce qu'il arrive vraiment qu'on donne des noms aux insectes en fonction de leur goût ou de leur odeur ?

C'était une bonne question, Chiharu et Sayuri l'approuvèrent d'un hochement de tête, mais Kenta insista :

— Je vous dis que c'est vrai. Vous n'aurez qu'à vérifier sur votre cher Internet. Moi aussi ça m'a surpris.

La discussion tourna court. Une expression de doute sur le visage, ils restèrent là, debout, alors

Kenta leva son bras droit, musclé et bronzé, et lança :

— Bon, demain on va danser pour fêter Obon. Mais avant on ira au cimetière. Et si on allait aussi à la piscine ? Ça va être une journée bien remplie. Pour aujourd'hui on en reste là ?

Il annonça en riant le programme qu'il avait fixé tout seul, puis saisit la « ceinture métamorphose » du héros de la série télévisée Kamen Rider que Yûsuke avait abandonnée sur le tatami et la mit autour de sa taille. Tout en repoussant Yûsuke qui criait « C'est à moi ! Ma ceinture ! », il appuya sur le bouton et se mit à se déhancher, au rythme de la lumière qui lui tournait autour de la taille, avec des gestes saccadés des bras et d'une voix théâtrale cria « Métamorphose ! »

— Quel idiot ! dit en riant Sayuri qui était malgré tout reconnaissante envers Kenta de prendre ainsi les choses en main.

Tout le monde irait effectivement à la danse, mais pour la piscine, par contre, ça l'arrangeait bien qu'il se charge seul d'y emmener les enfants. Ah... Kenta se rendit compte du problème en même temps que Sayuri et, la ceinture toujours scintillante à la taille, il s'excusa :

— Je suis désolé !

La tombe de la famille de Naoki était dans une zone irradiée dite de « retour difficile », quant à Chiharu, on ne savait pas si, cette fois, elle allait ou non passer dans sa famille. A la fin de l'année précédente, la mère de Chiharu avait téléphoné à Sayuri, inquiète de ne pas arriver à joindre sa fille. Le père, notaire, était encore en activité et le petit frère, avec qui elles jouaient à la dînette, travaillait semble-t-il avec lui.

— Euh... Vous deux, vous ferez comme vous voudrez, bien sûr, ajouta Kenta pour tenter de corriger son impair.

Et puis les enfants se mirent à jouer avec la ceinture en criant « Métamorphose ! Métamorphose ! » pendant que les quatre adultes finissaient de ranger à peu près le salon.

— Ça ira comme ça, dit Sayuri à Chiharu en l'incitant à rentrer avec Naoki, mais Chiharu insista :

— Je finis juste ça, dit-elle en passant de l'huile dans la marmite du *sukiyaki* qu'elle venait de nettoyer.

Elle scruta un instant le masque de Hannya qu'elle était venue reprendre sur la table du salon. Puis Sayuri s'aperçut qu'elle ne la voyait plus, et elle entendit une voix bizarrement aiguë venant de la pièce à côté :

— Maman aussi va se métamorphoser !

Surprise par les cris des enfants, Sayuri alla voir et trouva Chiharu, les cheveux qu'elle avait soigneusement relevés en chignon maintenant lâchés, campée sur ses jambes écartées, dans son pantalon court en serge, le masque de Hannya tenu des deux mains devant son visage. Les enfants étaient ravis, mais Naoki et Kenta qui arrivèrent en dernier semblèrent ne pas avoir envie de rire.

La fête endiablée des enfants et de Chiharu se poursuivit même après que Naoki, comme revenu à lui, se fut tourné vers Sayuri pour lui dire en se grattant la tête :

— Je vais rentrer en premier dans le préfabriqué et allumer la climatisation, excuse-moi, tu voudras bien lui expliquer comment venir ?

— Ce ne serait pas mieux que vous partiez ensemble maintenant ?

— Non, la chaleur s’accumule dans le préfabriqué. Je préfère y aller avant.

— D’accord.

Les préfabriqués se refroidissaient ou chauffaient immédiatement. L’espace étant exigu, il était effectivement difficile de régler la température. Mais en regardant Naoki partir à grands pas, Sayuri eut le sentiment qu’il s’agissait plutôt d’un prétexte. Même si le masque de Hannya n’était qu’un masque, Naoki craignait sans doute la « métamorphose de maman »...

— Finalement, il n’y a pas eu de problème ?

Sayuri était allée se déshabiller et lorsqu’elle revint s’allonger entre Kenta et Yûsuke, Kenta ouvrit soudain les yeux et lui posa la question à voix basse.

Comme Yûsuke, couché sur le ventre, semblait dormir profondément, Sayuri répondit tout doucement :

— Pas vraiment.

— ... Qu'est-ce que tu veux dire ?

— J'ai posé franchement la question à Chiharu. Est-ce que le taux de radiation dans les environs ne l'inquiète pas ? Et alors...

Des larmes s'échappèrent soudain des yeux de Sayuri.

— ... Pour un court séjour, ça ne m'inquiète pas. C'est ce qu'elle m'a dit.

Kenta fronça les sourcils, ouvrit les yeux, sortit ses bras musclés de dessous le drap en éponge et fixa le plafond.

— ... Ah, c'est comme ça qu'elle voit les choses ?

Il fit entendre un long soupir qui contenait tout ce qu'il aurait voulu dire. Sayuri soupira aussi et regarda le plafond.

— Tu crois qu'ils vont se séparer ?

C'est ce qui les inquiétait le plus. Sayuri répondit après avoir remonté le drap sur Yûsuke :

— S'ils ne peuvent pas habiter ensemble... Il n'y a pas de solution. Sauf si... Naoki allait à Hokkaidô.

— Mmm...

Kenta poussa de nouveau un soupir, c'était presque des mots, puis soudain il repoussa le drap d'un coup de pied.

— C'est quoi ces histoires ?... Pourquoi ça se passe comme ça ?

— Chut ! Tu vas réveiller Yûsuke.

Sayuri posa une main sur Kenta et tenta de le calmer, mais elle surprit des larmes dans ses yeux. Elle donna une tape sur son ventre rebondi et le gronda d'un « Quel idiot ! », mais ne parvint pas non plus à retenir ses propres larmes.

Ce ne peut être qu'un rêve. Sayuri murmure « Cé-si-um » et, dans l'obscurité, elle fait face à Chiharu qui porte le masque de Hannya. Le sol sur lequel elles se tiennent toutes deux commence à basculer. Il s'incline légèrement puis s'arrête avant de s'incliner de nouveau et de s'arrêter encore. Elles ne savent pas jusqu'à quel point il va continuer ainsi à pencher. Au bout d'un moment, Chiharu saute résolument dans le noir. Elle arrive plus ou moins à se remettre sur pied et cette Chiharu-Hannya fait signe à Sayuri de la rejoindre. Mais Sayuri n'est pas certaine d'arriver jusqu'à l'endroit où se trouve Chiharu. Alors elle reste debout sur le sol qui continue à s'incliner et crie : « Cé-si-um ! » Un liquide doré se met à briller à ses pieds. Il ne lui est plus possible de sauter jusqu'à l'endroit où se tient Chiharu. Au moment où elle est sur le point d'être noyée dans le liquide d'or dont la quantité ne cesse d'augmenter, Sayuri se réveille, trempée de sueur.

N'arrivant pas à se rendormir, Sayuri tenta un moment d'imaginer la discussion que Chiharu et Naoki auraient pu avoir dans le préfabriqué, mais rien ne lui vint à l'esprit.

Dès le matin, le chant des cigales résonnait très fort.

Le couple et l'enfant, comme s'ils voulaient l'écouter, finirent leur petit-déjeuner en silence. Sans appel ni de Naoki ni de Chiharu, ils décidèrent de partir en voiture pour le temple du quartier et de passer au cimetière.

Là, le chant des cigales était encore plus envahissant. Sur le chemin d'accès au temple, ils croisèrent du monde, mais l'endroit était quand même particulièrement calme.

Pendant la période d'Obon, il était interdit à Yûsuke de capturer des cigales. Alors qu'ils avançaient sur le chemin entouré d'un bois épais, Sayuri demanda à Kenta pourquoi l'année précédente les cigales avaient été si peu nombreuses.

— Avec le séisme, la plupart ont dû mourir avant même de sortir de terre.

Sayuri approuva immédiatement :

— Oui, sans doute.

Mais elle se sentit triste à l'idée que même ce genre de discussion innocente serait sans doute une graine de discorde entre Chiharu et Naoki. La diminution des abeilles ou des hirondelles, la naissance de lapins sans oreille, ce genre d'informations aux intentions douteuses inondaient Internet.

Après la visite au temple, Kenta partit à la piscine avec Yûsuke en disant qu'il passerait inviter Mika. Pour faire plaisir aux enfants, mais aussi sans doute parce qu'il se disait que Naoki et Chiharu avaient besoin de temps rien que pour eux. Sayuri s'interdit de penser que ce temps-là pourrait leur servir à apposer leurs sceaux sur une demande de divorce.

Kenta et Yûsuke partis, Sayuri n'avait rien de spécial à faire, elle regarda le jardin et vit que les gerris étaient encore dans la vasque. Sans réfléchir, elle prit son téléphone portable et vérifia : le gerris est aussi appelé « punaise d'eau » ou « cheval d'eau » et « petit sucré ». Ça l'amusa, mais elle garda la même réserve que la veille : qui donc aurait bien pu manger cet insecte et pourquoi ?...

Un peu avant midi, Kenta l'appela pour lui dire qu'il rentrerait après avoir emmené les enfants manger un curry.

L'après-midi fut calme et ni Naoki ni Chiharu ne se montrèrent.

Wasshoï aussi restait calme et, la langue pendante, il faisait la sieste, couché à même la terre. Son attitude de total abandon avait quelque chose d'émouvant.

Pendant les trois heures qui venaient de passer, à part avoir préparé un riz sauté avec les restes de légumes pour son déjeuner, Sayuri ne se souvenait presque pas de ce qu'elle avait fait. La pendule rétro qu'aimait Kenta avait sonné une heure, puis une heure trente, puis deux heures. La sonnerie qu'elle n'écoutait généralement pas continuait à résonner étrangement dans son oreille et elle eut le sentiment que le moment de prendre une décision importante approchait.

Le trio rentra de la piscine et prit une douche, puis Naoki et Chiharu arrivèrent, en kimono de coton. Il était près de quatre heures, mais il faisait encore très chaud et les stridulations des cigales restaient assourdissantes.

Le kimono de Naoki comportait des motifs de carpes nageant en tous sens et celui de Chiharu des fleurs d'hibiscus se détachant sur fond blanc. C'était sans doute Chiharu qui les avait achetés et apportés. La gaîté des couleurs leur allait très bien, mais semblait cependant renforcer une sorte d'amertume sur leurs visages.

Les rides creusées comme jamais entre ses sourcils rendaient le visage de Naoki facile à lire. La figure lisse de Chiharu et son regard fuyant, Sayuri eut le sentiment qu'ils n'avaient pas changé depuis l'époque de la dînette. Quand Chiharu avait fini de préparer le repas de feuilles hachées et que Sayuri qui tenait le rôle du papa lui tendait soudain les biscuits qu'elle avait apportés, c'est cette même expression qu'avait Chiharu. Et quand le petit frère de Chiharu se joignait à leur jeu et saisissait avec joie les biscuits, Chiharu ne pinçait-elle pas fortement les lèvres et ne se donnait-elle pas le même air indifférent en relevant son fin menton ?

Kenta et Sayuri mirent aussi leur kimono, sans parler, et passèrent le sien à Yûsuke. Le motif pour Kenta était celui du dieu de la foudre, celui de

Yûsuke le personnage de légende Kintarô, l'enfant à force surhumaine. Alors qu'elle s'était fait une joie de mettre son kimono d'été, Sayuri ne sentit finalement aucune exaltation.

Dans le salon, Chiharu avait terminé d'habiller Mika. Kenta et Naoki, assis sur le rebord de la coursive, discutaient de ce qu'il restait encore à faire dans le jardin en pointant du doigt certains des arbres. Yûsuke, le dessin de Kintarô enfourchant son ours sur le dos, un chapeau de paille sur la tête et des sandales aux pieds passa alors devant eux. Avec espièglerie, ou non, peut-être voulait-il vraiment vérifier ce qu'il en était, il passa devant Wasshoï et, d'un pas résolu, s'approcha de la vasque, posa d'un geste rapide la boîte en plastique transparent qu'il avait à la main sur les gerris. Puis il lança un sourire aux deux hommes, saisit un gerris et le porta à sa bouche.

Les cigales se turent et s'envolèrent, Sayuri gronda l'enfant :

— Yûsuke, non !

Les deux hommes, ébahis, se contentèrent de rire, mais Chiharu, elle, remonta les manches de son kimono et sauta dans le jardin.

En un clin d'œil, chapeau de paille et boîte en plastique se retrouvèrent par terre sous les aboiements de Wasshoï. Sayuri et Kenta sentirent immédiatement qu'il se passait quelque chose, mais c'est Naoki qui s'interposa. Il saisit la main droite que Chiharu avait mise dans la bouche de Yûsuke et, agile comme les carpes de son vêtement sautant au-dessus des vagues, il l'attrapa et la maîtrisa par-derrière.

Yûsuke se mit à pleurer, Wasshoï continuait à aboyer et Mika, qui était assise sur la coursive, se mit aussi à pleurer. Sayuri prit dans ses bras Yûsuke qui venait enfin de se libérer de l'emprise de sa mère, et, au même moment, Naoki lança des reproches à Chiharu.

— Qu'est-ce que tu as dans la tête ?

— Le césium... Le césium dans les insectes...

Personne ne consola Chiharu qui éclata en sanglots et, désemparée, se dirigea vers le jardin à l'arrière de la maison.

A Yûsuke qui s'était arrêté de pleurer, Kenta demanda :

— Alors, c'était sucré comme un bonbon ?

Mais Yûsuke répondit :

— Je sais pas.

Et, gardant à la main la ceinture métamorphose, il ne savait plus trop quoi faire.

— Je peux prendre le masque ? demanda Chiharu, debout sur un fond de ciel qui avait pris les profondes couleurs du couchant.

— Si tu veux...

Sayuri avait à peine eu le temps de répondre que Chiharu retournait déjà dans la maison. Sayuri la suivit, essoufflée, en faisant résonner ses socques et quand elle la rejoignit, Chiharu avait déjà mis le masque, le ruban rose de sa ceinture de kimono passé sur le front et noué sous le menton de manière à ce qu'il tienne bien.

Pour la fête Obon du quartier, chaque année, d'anciens camarades de classe qui habitaient loin revenaient au pays. Et comme cette année, en plus, il y avait aussi des gens venus se réfugier dans les préfabriqués, Chiharu était doublement exposée aux regards. Pour elle, ce qui aurait dû être un moment agréable était-il donc devenu une situation si embarrassante ?

En marchant le long de la rivière sur le bord de laquelle étaient installés des éclairages de fortune, Sayuri questionna Chiharu.

— Tu dois avoir du mal à respirer ?

Le masque de Hannya fixa longuement Sayuri et la faible lumière fit scintiller les yeux dorés. Il faisait peur mais la phrase qui en sortit convenait plutôt mal à un fantôme :

— Au fond, j'ai honte de me montrer, même à toi, Sayuri...

Comme pour tenter de mieux la comprendre, Sayuri répéta dans sa tête cette phrase dite d'une voix enrouée. Et puis elle revit Chiharu, le visage en pleurs, la bouche largement ouverte : au collège, pendant la nuit de veille de leur professeur principal morte d'un cancer ; c'est avec ce même visage que Chiharu pleurait sans doute sous son masque...

— Tu ne peux pas revenir ?...

Sayuri posa franchement la question, mais Chiharu continua à marcher tout droit en secouant fortement sa tête de Hannya de droite à gauche.

Yûsuke, qui tenait la main de Sayuri, agita soudain son éventail et rit en disant :

— Chiharu, tu t'es encore métamorphosée !

Il n'avait sans doute pourtant pas oublié la scène de la fin d'après-midi... Ah, si seulement la métamorphose de Chiharu avait pu être aussi rapide que celle de l'enfant, tout cela ne serait sans doute pas arrivé.

Kenta en tête, suivi de Naoki tirant Mika par la main marchaient quelques mètres devant. Quelle était donc cette force qui tentait de séparer ce père de sa fille ? Sayuri avait beau y réfléchir, elle ne trouvait pas de réponse.

Le son des tambours, des flûtes et des chants d'Obon résonnaient à travers un micro depuis le haut de la tourelle. Kenta passa rapidement devant les stands de brochettes de poulet, saucisses de Francfort, pop-corn ou pêche au ballon, et cria :

— On danse d'abord, et puis après on boit et on mange. C'est la fête ! Allez, on danse !

— Pas besoin de donner des ordres pour ce genre de choses ! le tança Sayuri.

Derrière son kimono à éclairs, suivirent Kintarô et ses carpes, et puis, encore un peu après, les fleurs d'hibiscus.

Mika aussi, dans son kimono à liserons sur fond bleu marine, s'empressa de rejoindre Yûsuke et

Naoki et se mit à danser entre eux. L'avenue devant la mairie débordait de bruit et de lumière, la chaleur humaine formait comme un tourbillon autour du cercle des danseurs.

Sayuri ne quittait pas des yeux la silhouette de Chiharu dansant avec son masque de Hannya. Certains danseurs portaient un masque de personnages traditionnels Hiottoko ou Okame, mais ce masque de Hannya détonnait et c'est sans doute pourquoi les gens devant et derrière Chiharu dans la ronde conservaient une légère distance.

Sayuri avait maintenant le sentiment qu'elle était capable de parler à Chiharu derrière son masque :

— Chiharu, tu ne reviendras pas, hein ? Mais je ne te demanderai plus pourquoi. Je ne le demanderai plus mais... je suis triste.

Sayuri entra à son tour dans le cercle des danseurs et ne pensa plus à rien d'autre qu'aux mouvements de son corps. Ces gestes symbolisant la coupe des pousses de riz et leur assemblage en bottes, est-ce que ce n'était pas son beau-père à présent décédé qui les lui avait expliqués ?...

Chiharu était maintenant immobile. Elle avait cessé de danser, et laissait pendre ses bras mollement le long de son corps. Le masque de Hannya oscillait légèrement de droite à gauche.

Sayuri passa devant elle en dansant. Elle se dit qu'elle ne devait pas arrêter de danser.

Le lendemain matin, Naoki, l'air de manquer de sommeil, lui apprit que Chiharu et Mika étaient parties et que Chiharu avait apposé son sceau sur le document demandant le divorce. Sayuri partit immédiatement en voiture jusqu'à la gare. Le train venait de quitter le quai. Sur le côté du bâtiment désert, les lilas d'été continuaient à fleurir avec la même vivacité.

Sayuri retourna vers sa voiture avec son air conditionné poussif et murmura « cé-si-um », mais sans ressentir le plaisir qu'elle avait eu deux jours plus tôt.

LA MANTE RELIGIEUSE

C'est vers la fin de l'été que Yamaguchi a remarqué cette mante religieuse. Sur le mur de son logement provisoire en préfabriqué, son « préfab », il avait accroché un de ces filets qu'utilisent les agriculteurs et y avait fait grimper du lierre planté dans plusieurs jardinières : la mante religieuse se trouvait en général dans l'une d'elles ou sur une branche des azalées proches du préfab. Il a fini par avoir l'impression que c'est toujours la même, et depuis, quand il rentre ou sort de chez lui, il a l'habitude de vérifier sa présence.

Les lampes extérieures installées devant chaque pavillon préfabriqué attirent d'innombrables insectes venus de la forêt à proximité. Pour la mante religieuse, il s'agit sans doute simplement d'un endroit idéal où elle ne manque pas de nourriture, mais pour Yamaguchi, comment dire... quelle que soit la façon de l'exprimer, ça semble bizarre : dans cette mante religieuse, il a le sentiment de voir Seiko.

Bien sûr, il ne va quand même pas jusqu'à penser que c'est une réincarnation de Seiko, qui est morte dans le tsunami. Mais quand la mante religieuse prend par exemple cette position si particulière de combattante, Yamaguchi ne peut s'empêcher de se rappeler la voix pleine de vivacité de Seiko s'exclamant joyeusement : « Gagné ! » Seiko aimait essayer de deviner des événements futurs insignifiants : au prochain tournant, la première voiture croisée sera un camion ou une voiture de tourisme, blanche ou d'une autre couleur ; elle faisait sans cesse ce genre de paris. Elle n'avait pas une intuition particulière et c'est justement pourquoi elle criait de joie quand elle avait deviné juste et, comme la mante religieuse, elle joignait les mains et les serrait fortement l'une contre l'autre.

Alors qu'il a tant insisté au téléphone pour la convaincre qu'un tsunami approchait, Seiko n'a même pas parié sur sa venue ou non et, sans hésitation, elle a lancé : « Notre maison ne craint rien. » Puis elle a raccroché en riant. La cuisine mise sens dessus dessous par le tremblement de terre, jusqu'à quel moment a-t-elle donc continué à la ranger ? C'est près de leur maison dont les murs ont été fracassés qu'elle a été retrouvée, dans cette terrible position : les mains jointes devant son visage.

C'est Seiko qui avait appris à Yamaguchi que la mante religieuse est également appelée

« l'insecte qui prie ». Une position de combat qui peut aussi être vue comme une position de prière, quelle étrangeté... Depuis qu'elle le lui avait dit, quelques années plus tôt, il avait continué à y penser parfois mais, après leur mariage, la vie quotidienne avait été si prenante qu'il n'avait pas eu l'occasion d'en reparler. Sur le lieu où son corps a été retrouvé, Yamaguchi a eu l'impression de voir Seiko prier tout en luttant. Sans vraiment réfléchir, il a imité cette position et, les mains jointes devant son visage, il a pleuré.

En ce début de mois de décembre, près d'un an et demi après le séisme, suite à quelques gelées, les feuilles du lierre sont presque toutes tombées et la mante religieuse, immobile sur une des dernières feuilles rouges, ses deux faucilles alignées, le regarde.

— Je sors, dit Yamaguchi en s'accroupissant et, quand il pose légèrement sa main sur elle, elle se contente d'incliner très légèrement sa tête triangulaire.

— Encore la décontamination ?

Dans son dos, une voix a résonné. Il sait immédiatement qu'il s'agit de Katô, son voisin de préfab. Avant même de se retourner, il se représente son visage, ses lunettes nonchalamment baissées sur son nez.

— C'est dur, hein ?

— Plus qu'un dernier effort.

Yamaguchi a répondu en riant et gardé dehors les mains qu'il s'apprêtait à mettre dans les poches de son épais blouson. « Le dernier ? », murmure Katô, et il fait un mouvement de tête dubitatif, mais il préfère ne pas insister et s'empresse de tendre à Yamaguchi un objet marron qu'il a dans la main.

— Tenez, mangez-moi ça. C'est un ami qui m'en a envoyé.

— Merci.

Du *daikon* en saumure à la mode de Nara. Katô aime beaucoup partager avec les autres ce qu'on lui offre et il lui arrive de partir en voiture pour en faire la distribution. Il dit avoir soixante-dix-huit ans, donc douze de plus que Yamaguchi, est-ce que ce sont ces dons quotidiens qui le tiennent ainsi en forme ? Yamaguchi l'a entendu dire avec fierté que c'était aussi de cette façon qu'il s'était fait quelques amis avec qui prendre le thé dans les environs. Yamaguchi, lui, n'est pas très attiré par des rencontres avec les habitants des préfabs, mais les légumes en saumure, il sait que même en se retenant il ne mettra pas longtemps à les manger, alors il les accepte sans façons. De Katô ou de sa femme, qui a du mal à marcher, il a déjà reçu toutes sortes de choses : de l'encens contre les moustiques, des piles électriques, des mouchoirs en papier, des pêches.

— Vous sortez aussi, monsieur Katô ? a lancé Yamaguchi, tout en montant dans sa voiture, surpris par le froid du sac en plastique donné par Katô qui, sans répondre, quelques bocaux de légumes en saumure encore à la main, est reparti vers l'ensemble de préfabs. Peut-être qu'il n'a pas entendu ce qu'a dit Yamaguchi à cause de sa légère surdité et du bruit qu'a fait la portière de la voiture. Un peu sèchement Yamaguchi a lancé :

— Le froid est arrivé pour de bon !

Et Katô s'est finalement retourné pour dire :

— Oui, c'est vrai.

— Vous parlez si bien, quel dommage. Cette salle de mariage avait tellement de succès...

Il a fallu un peu de temps à Yamaguchi pour comprendre ce que voulait dire Katô. Son métier n'était pas d'être animateur de soirées. Le fait qu'il gérait un établissement de noces et banquets n'avait donc pas de relation directe avec sa façon de parler, mais dans la tête de Katô, c'était parce que Yamaguchi gérait cet établissement qu'il utilisait un japonais distingué et Katô semblait compatir parce qu'après le séisme le bâtiment avait été laissé à l'abandon puis entièrement détruit et que Yamaguchi ne pouvait plus faire d'animation. C'est vrai qu'avant de s'installer dans cette ville Yamaguchi avait vécu à Tôkyô et qu'il était originaire de la noble région de Kanagawa, mais depuis qu'il était arrivé dans le préfab il n'en avait parlé à personne. Avec Seiko, ils avaient apprécié le climat plutôt doux et les terrains peu chers et étaient venus s'installer à peine dix ans plus tôt.

— On n'y peut rien. Je me suis résigné.

Katô a vu Yamaguchi secouer la tête derrière le pare-brise de la voiture, il est revenu deux ou trois pas en arrière, tout en agitant la tête et ses pots de légumes et, comme les enfants qui font un caprice, il a lancé :

— Non, non, non ! Il ne faut pas se résigner ! N'abandonnez pas. Faites face !

Yamaguchi a fait un petit signe de tête puis, en souriant, a salué un peu plus profondément et relevé la vitre de la voiture. En appuyant sur l'accélérateur, il s'est dit que des personnes de ce genre étaient nécessaires dans les préfabs. Si Seiko avait été présente, c'est sans doute ce qu'elle aurait dit. « Ça part d'un bon sentiment... Et puis il n'est pas au courant pour ta maladie, ce n'est pas sa faute. » C'est sans doute ce qu'elle aurait murmuré, calmement, avec un sourire.

Dans la forêt, le long du chemin menant à la route nationale, d'innombrables tombes luisaient et renvoyaient l'éclat du soleil matinal. « Quelle idée de construire les préfabs à cet endroit... » Si Yamaguchi avait dit cela, Seiko aurait sans doute encore rétorqué : « Comment faire autrement ? Pour construire les logements provisoires, il a fallu trouver des espaces vides. De beaux endroits comme celui de notre Shine Plaza, il n'y en a plus. »

Baigné par le soleil se levant au-dessus du Pacifique, le bâtiment en verre, avec son phénix doré brillant au sommet de son toit, s'est dessiné quelque part au fond de son cerveau. Et puis, sans trop savoir pourquoi, Yamaguchi s'est souvenu de la mante religieuse qui inclinait la tête, avec ses yeux un peu comme ceux d'un robot. Si on lui avait posé la question il aurait eu du mal à expliquer où se trouvait la ressemblance, mais ces yeux lui faisaient penser à ceux de Seiko quand, malgré ses dix ans de moins que lui, elle le réprimandait.

Quelle est donc la durée de vie de la mante religieuse ?... s'est demandé Yamaguchi en prenant le virage en bas du cimetière.

« Si vous ne faites rien, il vous reste six mois. » C'était l'équinoxe d'automne quand on lui avait fait cette déclaration, à l'hôpital de la ville voisine : il lui restait donc peut-être moins de quatre mois... Il avait décidé de participer à la décontamination en se disant que ce serait sa dernière action en ce monde, c'était environ un an et demi après son arrivée dans le préfab, juste après la découverte de son cancer du foie.

Quand Takimoto Kôji a téléphoné, Yamaguchi était en train de décontaminer la légère pente d'un toit argenté. Il n'y avait pas de preuve que cela décontaminait vraiment, mais il fallait le vérifier. Alors, avec des gants en caoutchouc et un chiffon humide, il frottait soigneusement le toit. Au début du nettoyage, un jeune employé d'une société de construction venue pour diriger les opérations était monté sur le toit et, avec un compteur à radiation en forme de fer à repasser avait détecté 0,5 microsievert par heure. Il n'y avait pas beaucoup de vent et il ne faisait pas très froid, c'était une journée de décontamination calme ; le problème restait seulement de savoir dans quelle mesure mener ce genre d'opération jusqu'au soir réduirait le taux de radiation.

Son portable a vibré dans la poche de son vêtement de travail, Yamaguchi s'est déplacé vers la partie nord du toit, a baissé son masque sur son menton et appuyé sur la touche réponse. Impossible d'échapper à la vue des ouvriers travaillant au déboisement de la colline derrière la maison, mais, de toute façon, personne ne faisait de remarque quand on répondait au téléphone pendant le travail.

— Monsieur Yamaguchi Katsumori ?

— Oui... Oh, docteur Takimoto ?

C'était la première fois qu'il lui téléphonait, mais Yamaguchi a immédiatement reconnu sa voix énergique.

Takimoto était un jeune médecin d'un hôpital universitaire de Tôkyô arrivé après le séisme pour participer aux secours et Yamaguchi se rappelait lui avoir donné sa carte de visite lors d'une réunion d'information organisée dans la salle commune de l'ensemble de préfabriqués. Tout en aidant aux consultations d'anthropogammamétrie dans les villes côtières, Takimoto participait à des séances d'information sur l'irradiation interne, guidé par une employée du bureau d'aide sociale à travers les ensembles de logements provisoires disséminés un peu partout, et puis il faisait aussi des visites à domicile.

— Qu'est-ce qu'il y a, pourquoi cet appel tout à coup ?

Avant la fin de sa phrase, la voix de Takimoto s'est superposée à celle de Yamaguchi, pour dire avec empressement :

— Monsieur Yamaguchi. J'ai besoin de votre aide.

Ensuite, il a parlé de sa façon posée, plutôt légèrement redondante même, en faisant parfois des pauses, mais, en résumé, il était tombé amoureux de Kana, la jeune femme de la mairie qui le guidait pour aller faire ses consultations, et ils avaient décidé de se marier et de s'installer dans cette ville.

— Je voudrais vous demander d'organiser la cérémonie de mariage... Nous voudrions qu'elle ait lieu dans le préfabriqué où elle habite.

Après avoir parlé, Takimoto a ri, pour cacher sa confusion.

Yamaguchi s'est rappelé cette jeune femme aux grands yeux que ses supérieurs de la mairie aimaient bien et appelaient familièrement pas son prénom, Kana. Effectivement, ces jeunes gens, d'une grande droiture tous les deux, s'étaient peut-être bien trouvés. Mais pour Yamaguchi qui avait perdu son établissement de cérémonies et qui, les indemnisations tardant toujours à venir, n'avait pas même essayé d'imaginer reprendre ses activités, la demande était un peu trop abrupte. Abasourdi, il s'est mis debout sur le toit et s'est tourné vers la façade principale.

Au-delà du petit hameau entre les collines, on voyait une forêt de chênes aux branches desquels les feuilles brunes semblaient vouloir se cramponner. Le taux de radiations, à un mètre du sol, était de 1,3 microsievert par heure. Le ciel presque entièrement bleu de ce beau jour d'hiver s'étendait encore au-delà des arbres, et Yamaguchi a eu l'impression que le ciel aussi émettait des radiations ininterrompues. Peut-être parce qu'il s'était levé rapidement, il a senti une douleur, comme si quelque chose de lourd et très dur glissait sur son dos. L'idée que son cancer s'était métastasé était effrayante ; l'impression de se trouver soudain pris dans un épais nuage l'a envahi. Il s'est accroupi, lentement cette fois, et serrant sa main sur son portable, il a essayé de rassembler ses idées avant de parler.

— Bonne nouvelle !... C'est très bien. Parfait, Docteur. Félicitations ! On va fêter ça, oui, bien sûr.

En y repensant plus tard, il se dirait qu'il n'était pas dans son état normal. Il n'avait pas réfléchi aux détails, il était simplement content, et dans sa tête il entendait déjà les applaudissements auxquels il était tellement habitué, dans la salle comble de son Shine Plaza. C'était peut-être au fond un moyen d'effacer sa douleur et son angoisse, en tout cas, il avait accepté la demande de Takimoto et, après avoir fixé un rendez-vous pour en parler, il avait coupé la communication. Il n'avait pas vérifié si les deux familles étaient d'accord et, sur le moment, ce point important ne lui avait même pas effleuré l'esprit.

Les écoles spécialisées ou les sections hôtelières dans les universités n'existaient pas encore quand Yamaguchi avait trouvé un travail dans un établissement pour les cérémonies de mariage, et c'est en faisant un peu toutes les tâches sur le terrain qu'il avait acquis un savoir-faire dans l'organisation des cérémonies et soirées. Il avait été élevé par sa mère seule et n'avait pas vraiment fait l'expérience des rites de passage classiques, c'est peut-être pour cela qu'il était autant attiré par les cérémonies un peu « somptueuses ». Quand il dirigeait son établissement pour noces et banquets, il avait un vaste réseau de relations et on lui confiait souvent l'organisation de soirées pour des acteurs de *rakugo* ou des hommes politiques.

Sur sa carte de visite, il était passé d'« organisateur de mariages » à « directeur de banquets », puis à un emphatique « consultant général » ; il avait eu de plus en plus de travail et, après s'être installé à son compte, il avait eu encore davantage d'ambition et toujours plus à faire. Il n'avait pas le temps de penser à son propre mariage, ses soirées étaient toutes prises par des cocktails « somptueux » et son appartement n'était qu'un endroit pour dormir.

L'idée soudaine non seulement de venir s'installer sur la côte du département de Fukushima mais de construire eux-mêmes un nouvel établissement pour les banquets venait en fait de Seiko. « Si vous ne menez pas une vie plus calme, vous allez finir par tomber malade. » C'est ce qu'elle lui avait déclaré un jour, et cette phrase avait résonné dans ses oreilles comme une de ces annonces qu'on entend, la nuit, sur un quai de gare désert. C'était la première fois que Seiko, qui était bien plus jeune que lui et l'aidait depuis de longues années dans son travail, lui était apparue comme une vraie partenaire.

Le premier mariage dans le bâtiment tout neuf du Shine Plaza, avec des jeunes mariés aussi timides que leurs témoins censés animer la soirée, c'est finalement Yamaguchi Katsumori et Mimori Seiko, de son nom de jeune fille, qui l'avaient organisé entièrement tous les deux. La cérémonie s'était limitée à une entrée des convives dans la salle sur un accompagnement musical, à une petite pièce montée pour le rituel dans lequel les jeunes mariés coupent ensemble la première tranche du gâteau, et puis à l'échange des classiques promesses suivi d'un baiser maladroit... Quand ils s'étaient retrouvés dans la salle vide, ils étaient tombés dans les bras l'un de l'autre et s'étaient embrassés, avec, en fond sonore, le bruit des vagues au loin. Cette région était étrangère à Seiko aussi, elle n'y avait ni parents ni amis. « C'est bien parce que je n'y connais personne que j'ai choisi cet endroit » : elle avait surpris Yamaguchi avec cet aveu fait un peu plus tard, alors qu'ils étaient allés voir un grand terrain au bord de la mer en vue d'y construire leur maison. Bien sûr, ils n'avaient alors absolument pas pensé que la centrale nucléaire à trois kilomètres de là était si dangereuse.

L'établissement pour les réceptions n'est plus utilisable. Et puis Seiko n'est plus là. Pourtant, Yamaguchi s'est dit qu'il pourrait offrir toutes les cérémonies et banquets qu'ils voudraient à Takimoto et Kana ; il a pensé que ce serait même sans doute sa vraie « dernière mission ». Sur son toit, il s'est remémoré tous ces couples dont il s'était occupé jusque-là. Toutes les photos de mariage vues dans les lieux où sont rassemblés les objets retrouvés après le raz de marée lui revenaient à l'esprit avec une netteté surprenante. Sans égaler la puissance d'un tsunami, est-ce que le désir d'union ne serait pas, au fond, le penchant naturel le plus fort chez l'humain et le moins contrôlable ? C'est ce qu'il s'est dit. Et puis lui sont revenus en mémoire les conseils qu'il avait si souvent donnés et s'est imaginé les exposant à Takimoto et Kana.

— La photo de mariage, tout le monde la regarde une fois et puis a tendance à la laisser ensuite dans un tiroir, étrangement, je pense qu'il est très rare qu'on la sorte pour la regarder de temps en temps. Pourtant, ce qui est sur cette photo, c'est sans doute ce qui sera le plus important dans votre vie, et en plus, est-ce que ce n'est pas le moment magnifique où vous avez accepté un véritable accommodement ? Même si votre désir d'union est sincère chez vous deux, quand vous devrez discuter de questions concrètes, vous ne tomberez pas nécessairement d'accord sur tout. Si c'était le cas, ce ne serait d'ailleurs que parce que l'un de vous deux aurait renoncé à vraiment s'exprimer. Ce qui n'est pas une bonne chose. Que ce soit pour le choix des vêtements, du repas, des cadeaux aux invités, vous devrez faire quelques accommodements, et c'est grâce à eux que vous arriverez à ce que chacun de vous deux soit satisfait. La faculté d'accommodement change le cours et l'ampleur de la vie, vous vous en rendrez sans doute compte vous aussi un jour. Et puis le mot lui-même n'est-il pas beau ?

Il ne pouvait généralement pas dire tout ça une fois que la divergence d'opinions dans le couple était clairement apparue, même s'il s'agissait de très jeunes gens. Ces derniers temps, il arrivait même que des couples renoncent à la cérémonie de mariage elle-même parce qu'ils ne parvenaient pas à se mettre d'accord sur certains choix pendant la réunion préparatoire à la cérémonie. Le secret était donc de savoir intervenir souplement dans la discussion dès que le moindre décalage se faisait sentir.

Yamaguchi avait le sentiment que c'était en côtoyant Seiko qu'il avait appris à saisir le bon moment pour intervenir. Il pensait avoir lui aussi fait certains petits accommodements au quotidien pour Seiko, et elle, tout en ayant plutôt tendance à s'accrocher à certains détails, n'avait-elle pas cédé sur des choses importantes dans l'orientation de sa vie ?... Yamaguchi n'avait jamais eu beaucoup de succès auprès des femmes et il s'était au fond de lui toujours senti redevable envers Seiko.

Après une pause pour le déjeuner, Yamaguchi a repris son opération de nettoyage du toit et n'a pu empêcher ses pensées habituelles de revenir envahir son esprit.

Puisque le gouvernement considère que les opérations de décontamination sont nécessaires, que pense-t-il donc faire concernant l'irradiation subie par les gens qui, comme lui, y collaborent ? Simplement équipés d'un vêtement de travail classique, de gants de caoutchouc et d'un masque, ils disent tous « C'est sans risque. » Mais, en fait, c'est sans en avoir la moindre preuve qu'on frotte les toits et les gouttières, et que, parfois, avec des lances à haute pression on lave les murs ou que, dans les jardins, on rabote avec des pelleteuses cinq centimètres de terre qu'on enfourne ensuite dans des sacs en polypropylène noirs. Ces énormes sacs sont aussi pleins de toutes sortes de choses auxquelles on a été longtemps attaché. Dans un rayon de vingt mètres, s'il y a un bosquet de bambous ou un bois, on les abat et on emporte tout ce qui a été coupé vers des lieux de dépôt provisoires ; mais ce qui est ainsi emporté, est-ce que ce n'est pas la terre qu'on avait enrichie de sa propre sueur, sa propre vie même ? L'objectif est d'arriver à un taux de radiation horaire inférieur à 0,23 microsievert. Soit moins d'un millisievert par an. C'est ce qui semble être visé.

S'il regarde les vastes forêts alentour, Yamaguchi se sent envahi par un sentiment d'impuissance, alors il tente de se concentrer uniquement sur ses mains et continue à frotter le toit.

En fait, les opérations de décontamination ont un effet d'irradiation sur les ouvriers : c'est bien parce que l'irradiation est dangereuse que les travaux de décontamination sont effectués, mais si on craint l'irradiation, on ne peut pas faire les travaux de décontamination... Est-ce qu'il faut donc dire aux ouvriers « Soyez idiots, ne pensez pas » ?... Qu'il y ait des gens qui ont peur et d'autres pas, c'est commode pour ce pays actuellement. Et c'est bien pourquoi le gouvernement préfère ne pas intervenir dans les profondes divergences d'opinions que connaît le département.

Pourquoi imaginer des choses aussi tordues ?...

C'est peut-être ce que dirait Seiko. Bien sûr, Yamaguchi n'a pas l'intention de voir nécessairement le mal partout ni de se révolter. Ce toit, avec son 0,5 microsievert par heure, a le même taux de radiation que la source thermale au radium installée en ville. Or on entend très souvent parler de gens qui ont soigné un cancer en y allant régulièrement. Est-ce qu'il serait donc possible qu'en décontaminant ce toit Yamaguchi reçoive des radiations qui soigneraient son cancer ?...

« Encore tes exagérations ! »

« Si je ne me disais pas ça, je ne pourrais pas faire ce que je fais. »

« Pourtant, tu as dit que tu le faisais en considérant que ce serait ta dernière mission, non ? »

Dans ses discussions avec Seiko, il avait rarement eu le dernier mot...

Tout en se laissant emporter par ses pensées, il s'est relevé pour détendre son dos quand une voix lui est parvenue d'en bas.

— Mouillez bien le chiffon et changez-le souvent !

C'était un jeune employé de la société de construction.

— Oui...

Il a acquiescé docilement en inclinant la tête et il a de nouveau senti cette douleur aiguë dans son dos. Il sait qu'il faut bien mouiller et laver plusieurs fois, mais le seau est loin et faire des allers et retours le fatigue.

Finalement, jusqu'en fin de journée, tout en sentant parfois la douleur dans son dos, il a continué à laver le toit en frottant avec vigueur et en changeant plusieurs fois de chiffon, mais le taux de radiation n'a presque pas varié. Sa journée n'a donc servi qu'à nettoyer un toit de hangar pour le séchage du tabac actuellement inutilisé... Dans le jardin du bâtiment principal de la ferme où travaillait une pelleteuse, par contre, le taux de radiation a baissé de moitié par rapport au matin ; le jeune employé a dit :

— C'est bon, continuez comme ça, c'est très bien.

Puis il est reparti. En fait, le pauvre jardin n'avait plus grand-chose d'un jardin, mais l'objectif était avant tout de réduire les radiations de moitié.

Le rythme actuel de quatre jours par maison avec une équipe de quatre personnes, n'est pas très rapide. Mais c'est ce qui a été planifié en haut lieu avant que les opérations soient lancées. Il arrive que le propriétaire d'une maison dise que la décontamination du toit n'est pas nécessaire, et puis avec les lances à haute pression l'eau éclabousse partout et il est difficile de la récupérer, cette méthode n'est donc plus utilisée pour autre chose que les gouttières. Mais alors, quand il y a de grosses pluies, est-ce que ce n'est pas problématique ?

Au fond, même s'il est bien sûr important que les taux de radiation baissent, ce qui intéresse Yamaguchi, c'est plutôt l'effet que peuvent avoir de petites doses de radiations reçues de façon répétée.

« Tu penses que c'est bon pour le corps ? Ou que c'est plutôt mauvais ? »

Est-ce que Seiko se lancerait dans un pari pour l'un ou l'autre ? En temps normal, il faudrait du temps pour aboutir à un résultat mais Yamaguchi a le sentiment que l'évolution de son cancer pourra apporter une réponse.

La jaunisse que le médecin lui a annoncée va-t-elle vraiment se déclarer et si elle se déclare effectivement, quand est-ce que ce sera ?... Il ne pourra sans doute travailler que jusqu'à ce qu'elle arrive. C'est un peu comme s'il jouait à la roulette en pariant sur son propre corps... Ce travail de décontamination mené tout en recevant des radiations, il s'est insensiblement mis à le juxtaposer à ce jour où Seiko a continué à mettre de l'ordre dans la cuisine... Seiko n'avait aucune intention de parier sur sa vie, mais le résultat est qu'elle a finalement perdu dans ce grand jeu de hasard.

— Pourquoi est-ce que tu tiens tant à parier alors qu'il n'y a rien à gagner ?

Lorsqu'un jour Yamaguchi lui avait posé la question, Seiko lui avait répondu :

— Pour donner de la couleur au quotidien, peut-être ?

Elle avait commencé ses petits paris après son mariage avec Yamaguchi et il ne l'avait jamais vue poser ce genre de questions à d'autres que lui. Seiko faisait de l'arrangement floral, chantonnait, et avec ses petits paris lancés à Yamaguchi et qui le faisaient réfléchir, oui, elle avait toujours donné de la couleur à leur quotidien. Mais maintenant qu'elle n'était plus là, qu'il vivait dans un préfabriqué provisoire et qu'on lui avait annoncé un cancer en phase terminale, ce n'est pas le travail de décontamination qui allait colorer le quotidien de Yamaguchi. Tout en continuant la répétitive opération de nettoyage sur le toit, Yamaguchi, sans le vouloir vraiment, s'est mis à réfléchir aux détails d'une belle cérémonie de mariage et d'un banquet serein.

— Il commence à faire nuit, on va arrêter là.

Après avoir ainsi appelé Yamaguchi, le chef de l'équipe qui travaillait au grattage de la terre lui a demandé :

— Qu'est-ce qui vous fait sourire comme ça ? Une bonne nouvelle ?

Yamaguchi ne s'était pas rendu compte qu'il souriait et il a répondu :

— Oui, une bonne nouvelle.

Et il s'est mis à rire, consciemment cette fois.

Il a descendu l'échelle et, tout en regardant le toit argenté renvoyant presque trop fortement les couleurs du soleil couchant, il s'est dit qu'au fond, plus que Seiko, c'était lui qui aimait les paris.

Jusqu'au samedi suivant où Takimoto devait passer le voir, Yamaguchi a continué, comme il l'avait fait jusque-là, à se rendre le matin à la société de construction pour travailler sur des chantiers de décontamination. Il a parfois senti la douleur dans son dos, mais le visage qu'il regardait quotidiennement dans le miroir de la salle de bains ne montrait pas de signe de jaunisse.

Tous les matins, il prend un petit déjeuner simple, avec un toast grillé et une salade, et, systématiquement, avant de monter dans sa voiture, il cherche la mante religieuse, dont les mouvements sont devenus plus lents avec le froid. La trouver chaque matin à un endroit différent le rassure un peu. Outre les jardinières et la pointe des branches d'azalées, elle semble aimer le dessus du tas de feuilles mortes accumulées par le vent à côté de la porte d'entrée de la maison. Dans les feuilles, il y a sans doute des insectes qui lui servent de nourriture.

Quand il revient du travail, il prend généralement son dîner dans le petit restaurant qui vient d'ouvrir sur le terrain où sont installés les préfabriqués. Même quand il boit, ce n'est pas plus d'une canette de bière. En fait, il serait sans doute mieux qu'il ne boive pas du tout d'alcool, mais il ne peut pas s'en priver totalement, et par rapport à sa consommation avant le séisme, c'est comme s'il ne buvait pas.

Quelques commerces, restaurants, quincailleries, se sont installés dans des bâtiments préfabriqués, environ six mois après que les réfugiés ont emménagé dans les logements provisoires. Il y a aussi une salle de réunion d'une soixantaine de mètres carrés. A côté des soixante-douze habitations, six rangs de douze habitations chacun, il y a un parking. Un certain nombre de personnes sont parties s'installer vers la mer et il n'y a plus maintenant qu'une cinquantaine de logements occupés.

Quand il rentre en voiture, après la nuit tombée, une guirlande lumineuse en forme d'arbre installée par le restaurant luit tristement, au milieu des lumières clairsemées provenant des fenêtres des préfabs, renforçant encore l'impression de dénuement. Il ne sait pas combien de personnes qu'on appelle encore des réfugiés habitent là ; l'ensemble est resté un camp amélioré sans jamais devenir comme un nouveau hameau. Le restaurant ferme à vingt heures, on n'y voit jamais personne s'y enivrer ; il est arrivé semble-t-il qu'un habitant d'un préfab sorti dans l'agglomération voisine, ait passé la soirée à boire, tenu des propos d'ivrogne et se soit fait tabasser.

D'après les clients du restaurant, il y aurait au moins deux ou trois personnes qui resteraient enfermées dans leur préfabriqué et n'en sortiraient jamais. Un homme d'une cinquantaine d'années viendrait semble-t-il parfois faire des courses à la droguerie et, à chaque fois, en regardant le droguiste d'un air accusateur, il se plaindrait de quelqu'un qui répand de l'herbicide devant chez lui. Il raconte semble-t-il que le droguiste aurait demandé à ce qu'on l'emmène rapidement chez un psychiatre... Il est vrai que tout le monde est angoissé face à un futur imprévisible et arrive difficilement à maintenir malgré tout un certain équilibre mental.

Même si c'est à un degré moindre que Katô, la plupart des gens sont à la recherche de relations dans le voisinage ou la ville. Mais tout en instaurant des liens, ils veulent conserver une certaine distance. Chacun semble avoir du mal à se débrouiller avec ce sentiment complexe. Yamaguchi aussi, après que le projet de mariage lui a été confié, quand il rencontrait quelqu'un au restaurant, il s'efforçait encore plus qu'avant de ne pas se contenter simplement de saluer mais de parler un peu.

Il craignait surtout d'avoir un malaise, seul, dans son préfab sans que personne s'en aperçoive. C'était déjà arrivé : deux personnes étaient mortes dans leur préfab et on les avait découvertes deux ou trois jours plus tard, c'est Katô et le responsable de l'ensemble des préfabs qui s'étaient chargés des formalités pour le constat de décès et les obsèques. C'est pourquoi Yamaguchi a enregistré le numéro de téléphone du patron du restaurant qu'il trouve sympathique. Après Katô et le responsable de l'ensemble des préfabs, c'est la troisième personne du voisinage dont il a noté le numéro.

Rentré chez lui, Yamaguchi a fait chauffer un bain et quand il en est sorti, il s'est mis à téléphoner à tout un tas de personnes comme il ne l'avait jamais fait. Essentiellement d'anciens collègues de travail à Tôkyô, des copains de sorties dans les bars, le décorateur et l'animateur auxquels il faisait généralement appel avant ; quand il leur dit qu'il habite dans un préfabriqué provisoire, ils ne savent plus trop quoi dire. Surtout ceux qui connaissaient sa maison avec la vue sur la mer dans le jardin de laquelle il organisait des fêtes... Sans évoquer sa maladie, il parle simplement du projet d'organiser un mariage dans un ensemble de préfabs, mais ses interlocuteurs deviennent soudain muets quand ils entendent parler des logements provisoires. Certains avec lesquels il était proche lui demandent des nouvelles de Seiko, et cette fois c'est lui qui, comme s'il se trouvait face à un énorme rocher en travers de la route, se retrouve soudain bloqué. Mais s'il continue quand même à téléphoner, c'est aussi parce que sa maladie l'inquiète et qu'il sent qu'il aura besoin d'aide pour les vêtements de mariage, la décoration, les fleurs et tout le reste.

Il s'est mis en pyjama et téléphone assis sur son lit, un portrait de Seiko posé à côté de lui.

C'était il y a neuf ans, pour leur voyage de noces, quand ils étaient allés à Taiwan : dans un grand temple, Seiko avait particulièrement apprécié le mode divinatoire taoïste dit « des blocs oraculaires ». Deux morceaux de bois rouges, en forme de demi-lune, avec un côté plat (yang) et un côté bombé (yin) qu'on fait tomber au sol à six reprises et dont on interprète la position. L'officiant, tout en tenant les blocs rouges à deux mains sous son menton, avait dit à Seiko : « *You will get big happiness* » et un large sourire avait éclairé son visage. A chaque fois qu'on lui a posé une question à propos de Seiko, Yamaguchi s'est demandé ce que pouvait bien être ce « *big happiness* » et, une fois dans son lit, il avait l'impression que cette question le taraudait encore.

Vivre dans une maison qui lui plaisait, voir progresser régulièrement les résultats de leur établissement pour banquets, avoir aussi la chance de travailler avec des employés sérieux : ces quelques dernières années étaient-elles ce « *big happiness* » ?... Les jours *butsumetsu* considérés comme néfastes et donc sans travail pour eux, ils partaient souvent en voiture et allaient dîner à Iwaki bien sûr, mais aussi Matsushima ou Kasumigaura. Seiko riait en disant « *I'm happy !* »... Il a beau chercher, aucun autre plus beau sourire que celui de cette photo ne lui revient en mémoire. Est-ce que ce n'est pas au moment où on lui a prédit ce bonheur qu'elle a été le plus heureuse au fond ?...

En se rappelant tout cela, Yamaguchi a fini par sentir l'angoisse l'envahir et, comme souvent, il est sorti de son lit et s'est agenouillé par terre, assis sur les talons. Il s'est incliné profondément devant la photo, a joint les mains et a laissé couler ses larmes. Il ne s'était jamais imaginé qu'arriverait un moment dans sa vie où il ferait ces gestes.

Peu à peu, il s'est mis à se lever plus tôt le matin. Quand le sommeil se fait plus léger, on se réveille hélas aussi plus tôt.

Il a décidé de consacrer ce temps d'éveil supplémentaire à la méditation et à la promenade. Non qu'il ait appris une méthode particulière de méditation. Mais après qu'on lui a annoncé son cancer, Yamaguchi s'est souvenu d'une méthode américaine de traitement par la méditation dont il avait entendu parler autrefois, dans laquelle on se représente les globules blancs encerclant les cellules cancéreuses. Il a fini par se créer son propre mode de méditation dans lequel il se représente un groupe de quelques dizaines de personnes au visage souriant faisant face à un groupe d'à peu près le même nombre de personnes en colère. Un face-à-face dont on ne connaît pas la raison, entre des visages rieurs et des visages furieux. Au bout d'un moment, la représentation se concentre sur le face-à-face entre deux personnes, comme dans le jeu du « je te tiens, tu me tiens, par la barbichette » et, alors qu'il tente, silencieusement, de faire sourire l'interlocuteur en colère, le visage de Yamaguchi lui aussi se détend. Quand la personne à côté se met à rire, celui qui est en colère commence à douter de la raison de son irritation. Ainsi, les sourires sont censés encercler les visages en colère ; au bout de vingt à trente minutes, tous ne sont pas encore envahis par le sourire, mais Yamaguchi s'est aperçu que même si un seul visage se met à sourire, la zone autour de son foie se réchauffe...

Quand il sort se promener, ce visage souriant est toujours remplacé par celui de Seiko sur la photo. Et puis, il lui revient à l'esprit leur attitude différente quand, avant leur mariage, au bureau, il se mettait souvent en colère et le restait longtemps, alors qu'inversement Seiko retrouvait immédiatement le sourire même après avoir été réprimandée. La méditation semble être un traitement radical qui transforme jusqu'au caractère de l'homme qu'il était autrefois.

Pendant ses promenades autour des préfabs, depuis une hauteur où se trouve le cimetière, il regarde l'ensemble des habitations dont il se dit parfois qu'il ressemble à son propre foie où la circulation sanguine se fait mal. De la fumée s'envole des ventilateurs ici et là et il peut se représenter certaines des vies menées à l'intérieur, mais la plupart lui échappent. Même s'il lui arrive de se retrouver avec ses voisins lors de réunions d'information sur les indemnisations par exemple, ce ne sont pas des moments où il est possible de se rapprocher vraiment des gens autour. Bien qu'ayant vécu plus d'un an sur le même terrain, il y a de nombreuses personnes, même s'il en connaît le visage, qu'il n'a jamais entendues parler. La distance physique est tellement réduite qu'il peut comprendre qu'on veuille instaurer une autre sorte de distance, mais le penchant à s'enfermer chez soi, la dépression, ou les tendances schizophrènes par exemple, toutes ces maladies qui empêchent d'avoir des relations avec l'entourage, se sont nichées ici et là.

Sous le soleil matinal, Yamaguchi a marché lentement dans le cimetière et tenté de se représenter des visages souriants sortant de chacun des préfabs. Ce n'était pas du tout réaliste et il s'est dit que ce ne serait pas une solution, mais quand il a imaginé un tapis rouge recouvrant le sol à travers les préfabs et qu'il a visualisé le couple de jeunes mariés avancer dessus, il a obtenu une très belle image totalement naturelle. L'ensemble de préfabs dans lequel habite Kana se trouve de l'autre côté de la ville, près du lac de barrage, mais l'ambiance dans tous ces lotissements doit se ressembler à peu près et il aimerait y faire résonner bien fort la *Marche nuptiale* avec des haut-parleurs de la meilleure qualité possible. Ce serait encore mieux s'il pouvait la faire jouer par des musiciens. Tout en exhalant un souffle blanc, il a réfléchi à tous ces détails.

Quand il est revenu de sa promenade, il a cherché la mante religieuse. Il ne l'a vue ni dans la jardinière ni dans les azalées, et le vent avait emporté on ne sait où les feuilles à côté de l'entrée. Un peu anxieux, il s'est mis à chercher fébrilement et a fini par la trouver dans la jardinière à côté de l'entrée du préfab voisin, sur la branche d'un petit pin. Il s'est penché et lui a touché la tête, mais au moment où la mante a levé ses deux pattes de devant, elle a perdu l'équilibre et est tombée. Yamaguchi s'est empressé de retirer ses gants, a saisi son long cou et l'a rapportée devant son préfab.

Il avait conservé la boîte en plastique dans laquelle un collégien du quartier lui avait offert des lucioles pendant la mousson. Il s'est mis à genoux et a tiré cette boîte de l'étagère du bas du placard à chaussures puis a soulevé le couvercle et y a déposé la mante religieuse. Il n'avait pas mal au dos mais, sans qu'il sache pourquoi, son cœur battait vite.

Il a posé la boîte sur le placard à chaussures, s'est empressé d'ouvrir le réfrigérateur, a pris du jambon qu'il a coupé en fines lamelles, en a saisi une du bout des doigts et l'a introduite dans la boîte par le couvercle. Il l'a laissée pendre et l'a agitée devant la tête de la mante qui, sans attendre, a sauté et l'a saisie entre ses mandibules puis s'est mise à la manger.

Deux ou trois jours plus tôt, il avait ouvert son ordinateur, ce qu'il n'avait pas fait depuis quelque temps, pour vérifier sur Internet la durée de vie des mantes religieuses et il avait découvert un site indiquant qu'elles mouraient naturellement quand les insectes dont elles se nourrissent disparaissaient. Il était aussi écrit que, dans de bonnes conditions, elles pouvaient vivre relativement longtemps. La mort naturelle, il n'y a rien à faire contre, mais en y réfléchissant, il s'est dit qu'au fond il s'agissait d'une mort de faim. Dans les villes côtières, il y a aussi eu des gens qui n'ayant pas pu fuir sont restés sur place et sont morts de faim... Il ne pense pas que sa mante religieuse pourra vivre plusieurs années, mais au moins il ne veut pas la laisser mourir de faim ; ce genre d'« inutile résistance » n'est-elle pas naturelle aussi ?... C'est ce qu'il s'est dit en lâchant le morceau de jambon et son cœur s'est enfin calmé.

Comme le séisme s'est produit juste après un rendez-vous qu'il avait dans le quartier Nakadôri au centre-ville, quand l'alerte annonçant le tsunami a été lancée, Yamaguchi était encore dans sa voiture, sur la côte menant au village de Futaba. Du téléphone public, qui par hasard fonctionnait, d'où il l'a appelée, pourquoi n'a-t-il pas rappelé immédiatement pour insister et obtenir qu'elle se sauve ?... Pourquoi, ensuite, lorsqu'il a téléphoné au manager de la salle des banquets, ne lui a-t-il pas demandé de passer prendre Seiko dans sa voiture et de fuir avec elle ?... En regardant la mante religieuse qui continuait à manger le bout de jambon dans la boîte, son trop tardif regret l'a assailli de nouveau en même temps que des images du raz de marée.

Ce jour proche de la mi-décembre, il tombait une fine neige depuis le matin. Yamaguchi ne pouvant pas donner rendez-vous dans son préfab rempli d'affaires impossibles à ranger, il avait obtenu du responsable de l'ensemble de pouvoir utiliser une des pièces du préfab collectif. La neige jaillissait du ciel d'un blanc laiteux et venait frapper sans bruit la fenêtre sur laquelle elle fondait puis dégoulinait.

Dans la grande salle de réunion, une dizaine d'habitants des préfabs participaient à un atelier pour l'apprentissage du tressage de la corde *shimenawa* qu'on dispose autour de l'autel familial pour le Nouvel An. Leurs voix et leurs rires parvenaient jusqu'à la petite pièce où se trouvait Yamaguchi.

— C'est un peu bruyant, excusez-moi. Dites-moi d'abord comment vous voyez globalement les choses tous les deux.

Sur la petite table, Yamaguchi a posé un carnet tout neuf et son habituel stylo à encre ; lui-même un peu impressionné par le costume qu'il n'avait pas mis depuis si longtemps, il a lancé la discussion.

— Ce que nous voyons, globalement ?...

Takimoto a croisé les bras et baissé les yeux vers Kana, assise à côté de lui.

— Oui. Quel genre de cérémonie de mariage puis de banquet verriez-vous ? Ou bien, pourquoi tenez-vous à ce que cela ait lieu dans les préfabriqués ? J'aimerais savoir ce que vous avez en tête.

Cette fois, c'est Kana qui a levé les yeux vers Takimoto. Ils étaient tous les trois assis sur leurs talons, Takimoto portait un pull bleu marine et un anorak de couleur argent, Kana un pull blanc à col roulé et le même genre d'anorak, rose. Yamaguchi les voyait comme un couple radieux venu d'une autre planète. Kana a froncé les sourcils d'un air soucieux.

— Nous voudrions fêter l'événement avec les gens avec qui nous vivons en ce moment, même simplement. Nous avons d'abord pensé ne pas faire de fête, mais après réflexion nous nous sommes dit que c'était grâce à ces préfabriqués que nous nous étions rencontrés.

Elle s'est exprimée sans hésitation. Yamaguchi a hoché la tête et Takimoto, après avoir également acquiescé, a pris la parole à son tour.

— Et puis nous voulons montrer qu'il y a aussi des jeunes ici.

— Des jeunes ?... Ici ?

Takimoto s'est redressé pour donner des explications à Yamaguchi. Au début, au Centre d'examen de la radioactivité, on détectait une irradiation chez plus de la moitié tant des adultes que des enfants examinés ; cette mesure de l'irradiation interne n'a pas servi à rassurer les esprits. Mais cette année, fin septembre, les résultats ont montré qu'aucun enfant n'était irradié et que chez les adultes il y en avait environ 3,5 %. En plus, les adultes qui montraient des signes d'irradiation étaient tous des gens qui mangeaient des produits particuliers.

— Si vous mangez ce qui est en vente dans les supermarchés, le risque est de zéro.

C'est ce que Takimoto avait déjà expliqué dans une réunion d'information qui avait eu lieu dans la grande salle à côté. Aujourd'hui, il parlait avec encore plus de conviction.

— Des produits particuliers ?

— En général, ce sont des champignons. Qu'ils font pousser eux-mêmes ou vont chercher dans la montagne.

Kana a regardé Takimoto parler avec assurance avant de dire :

— Les gens qui aiment ramasser des légumes sauvages ou des champignons, quand ils voient la montagne à cette saison, ils ont du mal à se l'interdire. Mais ça va plus loin : il y en a même qui sont retournés dans leur ancienne maison récupérer des morceaux de bois de castanopsis ou de chêne pour faire pousser des champignons *shiitake* !

— Oui, j'en ai entendu parler. Et...

— Excusez-moi de vous couper. Ce que je veux dire, c'est qu'il n'y a pas d'inquiétude majeure à avoir.

— Contrairement à l'opinion publique en général... C'est bien ça ?

— Oui. J'ai beau écrire tout ça sur mon blog, les journaux et la télévision ne parlent que des cas exceptionnels et du coup il est difficile de dissiper les angoisses. Et puis, il y a plein de livres de non-spécialistes qui sortent et viennent encore alimenter ces craintes. C'est à cause de ça que les jeunes ne reviennent pas.

— Et c'est pour ça que vous voulez montrer qu'il y a quand même aussi des jeunes ici. Est-ce que j'ai bien compris ?

— Oui. Excusez-moi pour tous les détours.

— Mais non, pas du tout, je comprends.

Yamaguchi a fait un signe de la main, Takimoto s'est gratté la tête et Kana a retenu un rire pour ne pas les gêner. Yamaguchi s'est dit que le problème du non-retour des jeunes ne venait pas de là et qu'il serait plus important de s'occuper de faciliter le logement, l'organisation des études voire de l'emploi dans la région, mais il a préféré ne pas en parler, ce n'était pas le moment de décourager Takimoto.

— Docteur, où en est-on avec l'irradiation externe ?

— Actuellement, il n'y a aucun problème dans les zones d'habitation.

La réponse a été immédiate. Un groupe que connaissait bien Takimoto aurait rassemblé des mesures de radiations effectuées dans le département, sur la côte et à l'intérieur des terres, ainsi que dans diverses autres régions du pays, pour connaître le taux réel de radiations sur deux mois. Les résultats auraient montré que, dans la partie nord de la ville d'Iwaki, à trente kilomètres de la centrale, l'irradiation sur un an était de 2,17 millisieverts, et que même dans les villes de Fukushima ou Kôriyama, dans le quartier Nakadori dont on dit qu'il a un taux de radiation relativement élevé, il n'y aurait au maximum pas plus de 2,1 millisieverts.

— Savez-vous quelle dose de radiation vous recevez en une fois pour un scanner ?

Takimoto a posé les mains sur ses genoux et fixé Yamaguchi dans les yeux, comme s'il le défiait.

— 6,9 millisieverts pour tout le corps. Et chez le dentiste, même pour un scanner buccal, vous recevez 30 microsieverts. En réalité, l'idée de l'accumulation des doses ne vaut plus, maintenant. Parce que le corps humain a aussi des moyens de reconstruction importants... Il y a une tendance générale à s'inquiéter trop et mal à propos.

C'est ce que Kana devait sans doute entendre régulièrement et, à côté de Takimoto qui parlait avec conviction, elle hochait légèrement la tête en passant les doigts dans ses cheveux mouillés pour les démêler. Yamaguchi continuait à hocher la tête sans parler et Takimoto s'est de nouveau gratté et s'est excusé :

— Pardonnez-moi de m'emballer ainsi... En fait, nous avions pensé faire la cérémonie près de la maison de famille de Kana, dans le sanctuaire qui se trouve dans la forêt de cerisiers.

— Pardon ?...

Sans le vouloir, Yamaguchi a écarquillé les yeux. Il s'agit d'un endroit célèbre pour fêter la floraison des cerisiers mais qui se trouve dans une zone classée « Retour difficile », à environ cinq kilomètres de chez Yamaguchi, dans l'intérieur des terres. Les radiations y sont cependant plus élevées que près de la côte. Surpris, Yamaguchi a tourné les yeux vers Kana qui a dit avec un rire gêné :

— Il lui arrive de dire des choses un peu folles comme ça... C'est pour ça qu'il se dispute aussi parfois avec ses supérieurs.

D'un air de lui demander de ne pas en dire plus, Takimoto a regardé Kana, le visage renfrogné, mais le sourire de Kana l'a immédiatement déridé. Ce n'était pas à son honneur, mais cela rappelait à Yamaguchi ses échanges avec Seiko après leur mariage : celle qui était d'abord une employée d'une grande franchise avait fini par devenir comme une mère qui réprimande ou protège. Touché par ces signes annonciateurs peut-être même trop évidents, Yamaguchi a eu envie de soutenir Kana.

— C'est effectivement un peu hardi. Et puis, on ne peut pas entrer dans cette zone, il me semble.

— Si, c'est possible. A condition de demander une autorisation à la mairie. J'ai accompagné Kana quand elle est retournée dans sa maison familiale pour une durée limitée. On n'aurait fait qu'une petite cérémonie de mariage sur place. Mais il semble que le prêtre du sanctuaire est venu s'installer dans un préfabriqué par ici, je ne veux pas créer de problèmes compliqués, alors j'ai abandonné cette idée-là.

Takimoto, comme un enfant qui a dû renoncer à une bonne farce, a parlé avec un réel regret dans la voix. Il avait toujours eu une opinion étonnamment optimiste concernant l'irradiation à faible dose. Selon lui, ce n'était pas de l'optimisme mais plutôt une position légitime et mûrement réfléchie pour éviter les effets psychologiques négatifs d'une vision au contraire trop pessimiste ; Yamaguchi, lui, était prêt à se laisser convaincre par les explications données clairement par ce jeune médecin.

— Le problème des radiations à faible dose dépasse le simple domaine de la science. Et la médecine non plus n'est pas seulement une question scientifique.

C'est ce qu'avait dit Takimoto pendant la seconde séance d'information et, depuis, Yamaguchi s'était répété plusieurs fois cette phrase. Tourné vers Kana, une expression de surprise sur le visage, Yamaguchi, comme s'il ressentait une certaine sympathie pour l'idée un peu saugrenue de Takimoto, s'est rappelé soudain l'image du bois de cerisiers en pleine floraison.

— C'est sans doute difficile d'y renoncer, mais abandonnons quand même cette idée. Faites cette concession s'il vous plaît. C'est avec des accommodements qu'on élargit la voie devant soi.

Takimoto et Kana ont acquiescé en serrant un peu les dents à ce qu'a dit Yamaguchi.

Et puis, bien qu'un peu tardivement, Yamaguchi a demandé si les parents des deux côtés avaient donné leur consentement. Kana a répondu « Oui » sans hésitation, mais dans la réponse « Bien sûr » de Takimoto, il y avait comme une pointe de volontarisme. Yamaguchi s'est demandé s'il n'y aurait pas un des deux parents qui n'aurait pas encore donné son accord, mais il s'est dit que sur ce point il ne pouvait que s'en remettre à ce qu'affirmait Takimoto.

Yamaguchi prenait des notes en écoutant les desiderata du couple et il a eu la surprise de découvrir qu'ils n'avaient pas encore vraiment discuté de certains points importants. Tout en posant des questions, il a inscrit dans son carnet : « Rite shinto », « Tonneau de saké recouvert de paille », « Kimono, veste et *hakama* pour lui, kimono coloré pour elle ». Il a ensuite demandé :

— Vous ne voulez pas de robe de soirée ?

Kana s'est mordu la lèvre inférieure et a regardé dehors.

— Si vous voulez porter une robe, il faut que monsieur Takimoto accepte de porter un smoking. Et dans ce cas, ça ne va pas bien avec le fait de faire appel à un prêtre shinto.

Takimoto a croisé les bras et sa bouche s'est serrée, Kana l'a regardé de côté, timidement.

— Puisque c'est un mariage dans les préfabriqués, on peut éviter les changements de vêtements, d'accord ? a tenté Yamaguchi.

Avec un petit sourire, Kana a immédiatement répondu :

— D'accord... Alors je choisis les vêtements japonais.

Cette faculté à changer d'idée juste après avoir fait une concession, c'était exactement comme Seiko...

Pourtant, au bout de près d'une heure de discussion, poursuivie en abandonnant la position assise sur les talons pour se détendre les jambes, en tailleur pour les deux hommes, les jambes pliées sur un côté pour Kana, ils ont finalement décidé de ne louer ni vêtements ni accessoires japonais, mais d'acheter une robe de soirée et un smoking qu'ils auraient tous les deux l'occasion sans doute de reporter. Le rôle du prêtre shinto reviendrait à Yamaguchi. Ils échangeraient des alliances et puis ils achèteraient du champagne en quantité suffisante pour pouvoir porter un toast avec tous les habitants des préfabs. Voilà donc les grandes lignes sur lesquelles ils ont fini par s'entendre tous les deux. A chaque fois que leur parvenaient les voix de l'atelier qui se poursuivait dans la grande pièce commune, Yamaguchi avait l'impression qu'ils baissaient encore davantage la voix pour ne pas gêner.

— Je pense qu'il ne faut pas non plus faire trop de concessions sans réfléchir.

Yamaguchi a parlé en regardant Takimoto droit dans les yeux, puis il a demandé aussi à Kana :

— Qu'est-ce qui, pour vous deux, ne doit absolument pas manquer à votre cérémonie de mariage ? N'hésitez pas à dire chacun ce qui vous vient à l'esprit.

Ils ont roulé soudain tous les deux de grands yeux, et Kana a dit timidement :

— Un bouquet de vraies fleurs.

Takimoto a soufflé avec un petit air espiègle :

— Un feu d'artifice.

— Un feu d'artifice ?

— Oui. Qui réveille, avec beaucoup de bruit.

— C'est surtout le bruit que vous voulez ? Et le bouquet, vous le prépareriez vous-même ?

Sans catalogue ni échantillon, Yamaguchi a mené le genre d'entretien qu'il n'avait pas eu depuis longtemps, mais sans objectif financier, juste pour apporter son soutien. Pourtant, peut-être parce qu'il a un peu perdu la main, il a oublié de demander le plus important : la date... Ce n'est qu'après avoir choisi la musique et les diverses boissons que Yamaguchi a soudain demandé :

— Et la date qui vous conviendrait, c'est quand déjà ?

— Avant la fin de l'année, ce serait bien...

Yamaguchi a eu du mal à cacher sa surprise, et il s'est mis à tousser. Mais à bien y réfléchir, au fond, pour lui aussi, du fait de l'incertitude qui pesait sur son état de santé à venir, c'était finalement mieux ainsi.

— Si c'était dans un établissement de mariages classique, ce serait impossible.

Il a parlé avec un petit rire narquois, avant d'ajouter immédiatement :

— Mais le bonheur n'attend pas, comme on dit !

Et il s'est incliné profondément.

La neige continuait à tomber. Un peu après midi, Yamaguchi les a accompagnés jusqu'à la voiture de Takimoto dans laquelle ils sont repartis tous les deux, puis il est retourné dans la petite pièce pour relire ses notes. Ils ont fait des concessions à leur organisation en fonction des préfabs. Et à plusieurs reprises ils lui ont dit : « Nous nous en remettons à vous. » La date choisie est le soir de Noël, à dix-sept heures. Seule la photo ne pourra être prise que le lendemain : ils ont dit qu'ils iraient la prendre dans le bois de cerisiers de la « zone de retour difficile », mais ça, ce n'était plus du domaine de Yamaguchi.

Yamaguchi est rassuré que Takimoto n'ait pas découvert sa maladie. Il s'est mis à regarder par la fenêtre la neige qui a commencé à tomber plus dru et il a eu le sentiment qu'avoir mis la mante religieuse à l'abri, chez lui, le matin, était comme un miracle inespéré. Et si ce genre de miracle inattendu se produisait pour lui aussi... ?

Après que le soleil s'est couché au milieu des montagnes boisées à l'ouest, l'eau du lac dans la vallée a pris une couleur gris sombre. C'est la troisième fois que Yamaguchi vient dans cet ensemble de préfabs ; autour de la salle de réunion collective, un nombre étonnant de lumières a été installé, et les employés municipaux qui ont aidé à leur mise en place, habillés chaudement, serrés les uns contre les autres, discutent et plaisantent.

Comme prévu, un feu d'artifice est lancé. Trois fusées consécutives, par trois fois. Les montagnes alentour, blanchies par la neige, frémissent. Et puis, Katô, revêtu d'un costume de cerf, se met à danser sur le chemin qui mène à la salle de réunion. Il avait dit être prêt à faire tout ce qui lui serait demandé, mais en fait, c'est lui qui s'est proposé pour ce rôle, c'est pourquoi on le lui a confié ; le vieux cerf qui a ôté ses lunettes ne voit pas bien où il met les pieds, mais ce pas plutôt chancelant et ce dos voûté semblent plaire, car des applaudissements retentissent autour de la salle de réunion.

Yamaguchi caresse sa barbe blanche de Père Noël et fait un signe aux deux hommes en queue-de-pie postés sur le parking. Immédiatement, ces deux anciens étudiants en médecine qui ont fait leurs études avec Takimoto, les mains gantées de blanc, se mettent à jouer *Il silenzio* à la trompette. Il fait deux degrés. Il n'y a pas de vent. Dans le ciel d'un bleu profond se répandent les sonorités que créent leurs lèvres pincées sur les instruments.

Yamaguchi, les mains gantées de blanc lui aussi, tapote légèrement l'épaule de Takimoto qui se met alors à marcher sur un « chemin de pureté » de fortune, tenant la main de Kana qui fait un profond salut. Le smoking d'un bleu marine clair et la robe longue bleu clair semblent d'autant plus gais au milieu de cette froide saison et on a l'impression que c'est du couple lui-même qu'émane le parfum des narcisses du bouquet que Kana a arrangé en les mêlant à des fleurs de cerisier précoce commandées par Yamaguchi, dans un papier japonais rose clair. Les mêmes fleurs assemblées en mini-bouquet à la boutonnière de Takimoto frémissent sur sa poitrine.

Le « chemin de pureté » a été recouvert d'un tapis rouge d'extérieur le long duquel les habitants de l'ensemble de préfabs sont venus s'aligner pour faire une ovation au couple et ils font retentir les petits pétards qui leur ont été préalablement distribués. Deux jours plus tôt, sous la houlette de Katô, Yamaguchi est passé dans la salle de réunion du lotissement où loge Kana pour demander l'autorisation de l'utiliser. « J'y ai des amis », avait dit Katô en riant mais parmi les personnes debout le long du « chemin de pureté » se trouvent aussi des habitants de l'ensemble de Yamaguchi. Ce sont les femmes d'amis de Katô qui ont préparé une soupe au cochon et qui attendent dans la salle de réunion.

Tout en écoutant le son clair des trompettes, un grand sac blanc sur le dos, Yamaguchi réussit à se mettre plus ou moins en marche. Dans le sac, il y a des carnets, stylos, crayons de couleurs, toutes sortes de petits cadeaux destinés aux enfants et qui ne pèsent pas très lourd. Sous une épaisse couche de fond de teint couleur chair, le visage de Yamaguchi commence à prendre une couleur jaune qui ne doit pas être visible. Mais quand les enfants se précipitent autour de lui, il ne peut s'empêcher de vaciller et pour pouvoir leur remettre les cadeaux, il se fait mal au dos.

Depuis quelque temps, Yamaguchi n'était plus très en forme. La mante religieuse mangeait son jambon et continuait à vivre dans l'entrée. Yamaguchi n'était pas sans envisager l'« inutile résistance » d'une possible hospitalisation, mais il se disait que ça attendrait la fin du mariage. C'est avec cette idée en tête qu'il est arrivé jusqu'à ce jour. « C'est comme ça que tu accumules la fatigue et que tu t'abîmes la santé », lui avait dit Seiko quand, par le passé, il avait eu une fièvre persistante. « Les moments de détente dans le travail, tu as la chance de pouvoir les organiser toi-même, mais il faut que tu prennes la peine de le faire », lui avait-elle dit aussi, mais, sans doute à cause de son caractère, il avait du mal à faire cette concession au repos. Les jours de pluie ou de grand vent, les travaux de décontamination étaient suspendus. C'est la neige surtout qui était gênante, et quand elle tombait, même en faible quantité, il devait vérifier le programme avec la société en charge des opérations : ces trois dernières semaines, il n'avait que peu participé à la décontamination. Il n'était pas allé non plus chez le médecin, n'était presque pas allé se promener et, dans son préfab, il était resté plongé dans ses réflexions.

La veille, il s'était allongé sur son lit déjà habillé en Père Noël et s'était lentement laissé couler dans des rêveries où il était entouré d'innombrables visages souriants. C'étaient tous des visages inconnus, mais au bout d'un moment il avait senti qu'il avait une érection, ce qui ne lui était pas arrivé depuis longtemps. Depuis combien d'années, d'ailleurs ? Tout en se posant la question, il avait pris son sexe dans sa main et, sans se soulager ni sentir de culpabilité, il avait pour la première fois goûté simplement cette sensation remontant du passé. Et il avait ressenti un réel désir de vivre.

Il s'empresse de donner leurs cadeaux aux enfants et, repartant d'un pas plus rapide que le rythme de la musique, il marche jusqu'à l'entrée de la salle de réunion. Debout entre les deux mariés, il dit d'une voix forte :

— Tous ensemble, applaudissons-les de nouveau !

Devant une table de jardin recouverte d'une nappe blanche, le marié et la mariée sont acclamés et applaudis par les parents et amis, près d'eux, puis les habitants des préfabriqués, rassemblés autour, sur plusieurs rangs. Cette scène qui ressemble à celle qu'il avait imaginée remplit Yamaguchi d'une joie immense.

Comme venant remplacer applaudissements et ovations, le morceau de guitare solo *Kassai* choisi par le couple vient remplir doucement l'obscurité. Ils sont plutôt bons, ces haut-parleurs que Yamaguchi a spécialement choisis. Les jeunes mariés allument ensemble une énorme bougie en forme de cœur puis, sans façon, échangent un baiser. Derrière eux dont les bouches restent longuement collées l'une à l'autre, le Père Noël rit sans dire un mot. C'est le seul moment dans le courant de cette sainte nuit qui ressemble un tant soit peu au classique rituel.

La marche jouée à la trompette retentit de nouveau et, une fois tous les convives entrés dans la salle de réunion, on trinque au champagne. Au même moment, la grande quantité de fleurs de cerisiers qui n'avait pas été utilisée pour le bouquet de la mariée et qui est restée dans la pièce semble répandre soudain son fort parfum.

Yamaguchi se souvient que le maire et un des professeurs du marié quand il était à la faculté de médecine ont fait un discours. Le maire a dit, entre autres choses « Défiant la pluie, défiant les radiations », en parodiant le poème fameux, et s'est attiré quelques rires moqueurs. Le professeur d'université, avec sa barbe de quelques jours, a dit qu'il pouvait assurer que naîtrait bientôt un beau bébé. Yamaguchi se souvient aussi qu'au milieu de narcisses piqués dans de petits vases en bambou, des hors-d'œuvre, des gâteaux, des bonbons pour les enfants, du vin, de la bière étaient disposés bien en ligne... mais il ne souvient absolument de rien ensuite.

Quelque chose l'effleure et, un instant, il pense que c'est Seiko.

Mais il reprend conscience et comprend qu'il est sur une civière portée par des hommes habillés de bleu qui l'amènent vers l'entrée de son préfab.

— Alors, elle est où, cette mante religieuse ?

La question lui a été posée avec un certain énervement et la situation avant qu'il ne monte dans l'ambulance finit par lui revenir vaguement à l'esprit. Un peu plus tôt, sous une lumière rouge tournante, Yamaguchi a demandé à Takimoto sur lequel il était appuyé à pouvoir emporter la mante religieuse à l'hôpital et Takimoto a répondu, tout en faisant un signe d'excuses destiné aux ambulanciers : « Je vais m'en occuper, puisque c'est sur le chemin de l'hôpital. »

— Ah, la voilà !

Takimoto a soulevé la boîte mais, comme il avait gardé ses gants blancs, elle lui a glissé des doigts. Dans la chute, le couvercle s'est sans doute ouvert et la mante religieuse est tombée dans une chaussure en cuir laissée à l'entrée. Il l'a saisie du bout des doigts, mais la mante religieuse a tordu le cou vigoureusement et elle est tombée de nouveau ; tout cela s'est produit en un clin d'œil. Et puis soudain, un gros chat roux venu d'on ne sait où l'a prise dans sa gueule et s'est enfui sans demander son reste.

Takimoto est sorti immédiatement, mais le chat était déjà en train de se lécher les babines à côté d'une voiture du parking, sur un endroit sans neige, et puis, de ses pattes avant, il s'est mis à se nettoyer la figure.

— Ça va aller ?

Derrière les brancardiers qui soulèvent à nouveau la civière, c'est Katô qui, sa tête relunettée sortant du costume de cerf, a posé la question. Il semble qu'il l'ait donc accompagné dans l'ambulance.

— Oui... Je suis vraiment désolé.

— Vous n'avez pas à vous excuser. Ce que vous devez faire, c'est aller rapidement à l'hôpital, rapidement vous requinquer et rapidement nous revenir.

— Et... la cérémonie ?

— Tout va bien. Nous avons joué notre rôle, maintenant tout le monde s'amuse aussi bien sans nous.

La civière sur laquelle on l'a chargé est de nouveau soulevée et, dès qu'il se retrouve allongé sur la couchette de l'ambulance, il perd encore peu à peu conscience.

Yamaguchi sent que son visage affiche un large sourire.

Venue du siège du conducteur, il entend une voix légèrement suspicieuse :

— C'est parce qu'on m'a dit que le marié est médecin que j'ai fait ce qu'il m'a dit, mais franchement, c'est quoi cette histoire de mante religieuse ?

On retire sa barbe et ses gros sourcils blancs à Yamaguchi qui, pendant qu'on lui prend la tension, toujours habillé en Père Noël et le visage grimé, continue à secouer la tête et à sourire.

LA MONTAGNE RADIEUSE

Merci d'être venus aujourd'hui. Il nous reste encore un peu de temps jusqu'au coucher du soleil, alors je vous propose pour vous distraire de prêter une oreille patiente aux bavardages du vieil homme que je suis. Ne vous inquiétez pas, je ne vais pas vous parler de tout et n'importe quoi. Non, je vais vous parler de ce que vous êtes venus voir, de cette montagne.

Il y a de cela longtemps, une bonne trentaine d'années, il y avait un vieillard obstiné qui vivait près d'ici, dans ce coin reculé de Fukushima. Non, non, il ne s'agit pas de moi. A l'époque, j'étais jeune, j'étais ignorant de tout et j'habitais à Tôkyô.

Vous le savez sûrement, il y avait encore à l'époque un peu partout ce qu'on appelle des centrales nucléaires. Vous vous rappelez, non ? A cause de la catastrophe qu'on appelle le « 11 mars », une centrale qui se trouvait sur la côte de Fukushima avait été démolie, et la confusion était totale.

Et la politique, à l'époque, était pire que tout. Il y avait encore deux chambres au parlement, alors qu'elles sont en gros pareilles, alors on parlait de « distorsion », les principaux partis politiques passaient leur temps à se faire la guerre, et rien n'avançait pour les choses importantes.

Je crois que c'était le deuxième premier ministre après la catastrophe, « Sans renaissance de Fukushima il n'y a pas de renaissance du Japon », qu'il disait, des belles paroles tout ça, mais à force de se pavaner et de faire le beau partout, il faut croire que les zones sinistrées lui étaient complètement sorties de l'esprit.

Comme vous le savez, on en était toujours là quand s'est produit le grand séisme de Tôkyô, puis la grande éruption du mont Fuji, mais ce dont je vais vous parler maintenant, c'est des quelques années qui se sont écoulées entre ces événements. A l'époque, Tôkyô était encore une ville très peuplée, à la différence de maintenant. De ce côté-ci, tous les jeunes partaient, le vieillissement et le dépeuplement s'aggravaient. Difficile à croire, quand on voit la situation d'aujourd'hui, hein ?

Et donc ce vieillard. Il avait quoi, à l'époque ? Dans les soixante-dix ans, peut-être bien. Il était en pleine forme, et tous les jours il travaillait ses terres, et comme il était aussi membre du centre de ressources Vermeilles, il allait à droite à gauche pour toutes sortes de petits travaux. Il avait le sens des responsabilités chevillé au corps, et que ce soit la réparation des routes ou la menuiserie, il savait tout faire et tout le monde était bien content qu'il soit là.

La catastrophe ne l'a pas spécialement changé. Il était croyant, et il était souvent fourré au temple auquel sa famille était affiliée. Il a redressé les statues de *jizô* qui s'étaient renversées, il s'était organisé aussi pour entretenir les bois sur la colline derrière.

Oui, bien sûr, il était marié. Une vieille, enfin ce n'est pas très gentil de l'appeler comme ça, mais bon, elle était un peu plus âgée que lui, et ils allaient travailler ensemble en se chamaillant sans arrêt. Ils avaient deux enfants, mais des bons à rien l'un comme l'autre, installés avec leur famille à Tôkyô et qui n'avaient pas la moindre intention de revenir.

A plus forte raison après l'accident de la centrale. A l'époque, on avait surestimé les effets de l'irradiation. On dit que plus de cinquante mille habitants avaient fui le département. On ne pouvait avoir confiance en personne, ni les politiques ni les savants, et les gens étaient en plein désarroi.

A propos, vous vous souvenez du mot « décontamination » ? Oui, cette opération pour laquelle le gouvernement donnait de l'argent et les gens du coin s'en chargeaient. Dans cette ville aussi, les entreprises du bâtiment s'y sont mises, mais pas seulement, il y a eu un « syndicat des décontamineurs », et ils se disaient qu'ils allaient s'engager dans l'affaire et gagner plein d'argent. Les personnes qui vivaient dans les logements provisoires, celles qui n'avaient plus de travail, se préparaient toutes en allant à des réunions d'information sur la décontamination. Mais bon, une fois les chantiers lancés, on s'est rendu compte que ça ne servait pas à grand-chose, et tout ça a fini par tomber dans l'oubli...

Pour tout vous dire, moi qui étais à Tôkyô, j'étais terrifié à l'idée de la situation dramatique dans laquelle était ma région natale. A l'époque, je savais comme tout le monde qu'on se servait de la radioactivité par exemple pour stériliser les légumes qu'on achetait au supermarché. Alors je n'arrivais pas vraiment à me faire à un mot comme « décontamination ». Rien qu'un scanner, ça correspond à une dose d'irradiation de 6,9 millisievert. Est-ce qu'on devait considérer ça comme de la contamination ? Ça me paraissait étrange, mais en tout cas, à l'époque, les savants qui attisaient les inquiétudes se montraient catégoriques, et à l'intérieur de ma tête régnait la confusion la plus totale. Les travaux de décontamination et la contamination me semblaient aller de pair, et j'en étais réduit à me morfondre à Tôkyô.

Mais le vieux, lui, n'a sans doute pas connu l'hésitation, ni la confusion d'ailleurs...

Il était en réalité entré en action avant même que soit soulevé le problème des endroits où on pourrait entreposer à titre temporaire les terres et les déchets ramassés dans les opérations de décontamination. Enfin, quand je parle d'action, ce n'est pas grand-chose de plus que ce qu'il avait toujours fait. Raison pour laquelle il a pu faire avancer son projet sans que personne ne remarque rien.

Quand on lui demandait de couper les branches d'arbre dans un jardin, il les ramenait chez lui. Quand on lui demandait d'arracher des mauvaises herbes, il les ramenait aussi. Il chargeait tout ça à l'arrière de sa camionnette, bref ce n'était pas quelque chose de nouveau pour lui.

Comme vous pouvez le constater, le terrain est immense. Plus d'un hectare et demi. Cette colline, et encore celle de derrière, appartenaient au vieillard, et avec tous ces champs devant, il pouvait ramener tous les branchages qu'il voulait sans que personne ne remarque rien.

Sauf la vieille, bien sûr. « Pourquoi que t'en ramènes autant de chez les gens, des branches et des feuilles ? », qu'elle lui a demandé un jour. Ce à quoi il lui a répondu « Pas de problème, pas de problème. »

On en était là quand il est devenu clair qu'on n'arriverait pas à se mettre d'accord sur l'endroit où entreposer les déchets. Pas étonnant. Tout le monde savait qu'il fallait bien les garder quelque part, mais personne n'en voulait près de chez soi. Ce pays est devenu celui des « droits de l'homme » depuis la fin de la guerre du Pacifique, si bien que personne ne pouvait donner l'ordre aux gens qui n'en voulaient pas de les prendre chez eux. Ni le premier ministre, ni le gouverneur du département, ni les maires. C'est pour ça que l'affaire de l'installation de stockage intermédiaire de Fukushima ou celle des bases américaines d'Okinawa traînaient en longueur sans qu'on arrive à une solution.

Encore qu'à l'époque aussi, quand des gens qui habitaient à l'intérieur des zones envisagées pour le dépôt provisoire avaient recours à l'intimidation envers les opposants en disant « Vous ne pensez qu'à vous et jamais au bien de tous, hein ! », ça avait de l'effet. Se faire interpeller par des gens qui habitaient le même secteur obligeait à ravaler ses préoccupations égoïstes. Dans cette région, les gens avaient encore assez de sens civique pour ça, et c'est pourquoi certaines zones de stockage ont pu être déterminées.

Mais pas dans ce coin-ci, et voilà comment notre vieillard en était arrivé peu à peu à ramener de la terre et des branchages qui, paraît-il, avaient été contaminés, et même parfois du sable ou du bois de construction.

Bien sûr, les gens qui habitaient les maisons aux alentours ont fini par s'en rendre compte. Mais le terrain était si vaste, ils ne se sont pas trop inquiétés. Et même mieux, ils en sont venus à apporter les herbes et les branches ramassées chez eux.

« On a entendu dire qu'on pouvait vous apporter de la radioactivité, c'est bien vrai ? »

Cette question, ils la posaient timidement au début. Mais comme le vieux leur répondait invariablement « Pas de problème, pas de problème », la rumeur s'est vite répandue, et bientôt on a commencé à voir des gens lui apporter leurs déchets en voiture. Des déchets qui ont été entassés là juste devant, une fois la récolte terminée à l'endroit où il y avait un champ de poivrons.

A l'époque, les taux de radioactivité pour la ville donnaient, avec bien sûr des petites différences selon les points de mesure, moins de 0,5 microsievert par heure. A supposer qu'on passe une année entière dehors, la dose de radioactivité reçue annuellement était de l'ordre de 4,4 millisieverts. Les avis étaient déjà partagés, entre ceux qui considéraient que c'était énorme, et ceux pour qui il n'y avait « pas de problème », mais comme en plus on apportait par ici des branches, du bois de construction, des pierres et autres déchets contaminés, évidemment les taux de radioactivité n'ont pas cessé de monter. Il y avait une loi qui s'appelait la « loi sur les mesures spéciales relatives aux précautions en cas d'accident nucléaire », et elle donnait comme taux maximal autorisé 5 microsieverts par heure. Taux qui était largement dépassé fin août, après la fête des Morts.

Je ne sais pas si vous êtes au courant, mais dans ce coin, la coutume veut qu'on s'occupe de l'entretien des jardins avant la fête des Morts. L'idée est de préparer la maison pour accueillir l'âme des ancêtres. Le vieux s'est bien sûr occupé de couper les branches des arbres de son jardin, mais il a aussi ramené les branchages des voisins. Ce qui arrangeait bien du monde, parce qu'on ne savait pas quoi faire de tout ça, et il y a même eu des gens pour venir en pleine nuit se débarrasser en catimini de leurs déchets. Mais le vieux ne s'est pas mis en colère pour autant. La vieille si, elle était furieuse, mais le vieux l'a calmée en lui répétant : « Pas de problème, pas de problème. »

Deux ans s'écoulèrent ainsi, puis trois, la quantité déposée chez lui ne diminuait pas, ce qui fait qu'ici seulement le taux de radioactivité ne cessait de grimper. Je crois que c'était l'été de la troisième année, j'ai fini par m'inquiéter et j'ai décidé de venir voir.

Vous l'avez sans doute deviné à l'heure qu'il est, je suis le fils du vieux et de la vieille. La vieille m'a téléphoné pour me dire que, quand même, ça finissait par lui faire peur, alors j'ai laissé ma famille à Tôkyô et je suis venu voir. Je suis arrivé au crépuscule, un jour qui suivait la fête des Morts.

C'était spectaculaire. Au beau milieu d'un champ qui devait couvrir plus de trois mille mètres carrés, il y avait comme une petite chaîne montagneuse, une butte d'environ vingt mètres de haut. Qui devait bien faire une quarantaine de mètres de long à la base. Sur les flancs, un étroit sentier qui semblait avoir été tracé à pas d'homme serpentait en direction du sommet. Ce sommet était plat, et dans les ténèbres on aurait dit un gigantesque navire de guerre.

A ce moment-là, le vieux... je veux dire mon père qui, ayant déjà pris son bain, était en kimono de coton, était sur la véranda en train de savourer une bière. Ma mère devait être à la cuisine, en tout cas elle n'était pas là.

— Salut, m'a-t-il dit, alors que je me tenais dans le jardin.

Je ne l'ai pas salué, j'ai tout de suite commencé à râler.

— Non mais, c'est quoi, ça ?

— Tu veux dire, ça ? Une nouvelle montagne, en quelque sorte.

Là-dessus, il m'explique qu'il avait entassé les branches, les pierres, le bois qu'on lui apportait, et que pour rendre le tout bien solide il avait comblé les interstices avec de la terre et des feuilles mortes retirées des caniveaux ou des gouttières lors des opérations de décontamination. Et il me raconte ça tout sourire, en laissant même transparaître la satisfaction de celui qui est en train d'accomplir une tâche très importante.

— Mais qu'est-ce que t'espères ?

Je ne lâchai pas le morceau, et j'ai sorti de ma sacoche un dosimètre que j'avais apporté avec moi. On était à une certaine distance de la montagne, et pourtant on dépassait les 10 microsieverts par heure.

— Mon Dieu, c'est comme en Biélorussie !, ai-je murmuré, mais j'étais tellement effrayé que, le regard toujours rivé sur le dosimètre, je n'ai rien pu ajouter.

Mon père s'est resservi de la bière, avant de reprendre, la bonne humeur toujours peinte sur le visage.

— Je vois que tu es bien informé, dis-moi. Tu as raison, la Biélorussie a enfin retrouvé des taux de cet ordre, vingt-huit ans après Tchernobyl, mais les gens ont continué à habiter là-bas pendant tout ce temps. Alors que le village d'Iidate où on a atteint ces taux il y a trois ans a été totalement évacué.

Je vous l'avoue, j'en suis resté bouche bée. Depuis toujours, mon père était du genre à se relever en pleine nuit pour prendre des notes si quelque chose le tracassait. Bien sûr, il n'avait pas poussé les études plus loin que le collège, et je ne crois pas qu'il savait se servir d'Internet. « Même les paysans doivent s'instruire », voilà ce qu'il avait coutume de dire, avec un accent du Kansai qu'il n'avait pas autrement. A le voir savourer sa bière en souriant, je me suis dit qu'il devait être vraiment très sûr de ce qu'il faisait.

— Mais pourquoi tu fais monter exprès la radioactivité ici ?

— Personne ne sait quoi faire des déchets et tout le monde est bien embêté.

— Ce n'est pas une raison... Tu n'as pas peur, toi ? Les cancers, et tout ça ?

— Les cancers, ça ne me fait pas peur... Y a pire.

— Tu es sûr, pas de problème de santé ?

— Aucun, je suis en pleine forme.

— Et cette montagne... Tu comptes en faire quoi ?

— J'en sais rien.

Mon père me répondait sans hésitation, sans se départir de son sourire. Je me souviens d'un père plutôt colérique quand j'étais enfant, mais après, lorsque je suis parti à Tôkyô pour aller à l'université, ou était-ce plutôt quand j'ai commencé à travailler dans une société de courtage... Toujours est-il qu'à partir de ce moment-là mon père a complètement cessé de se mettre en colère. « De toute manière, t'es adulte maintenant », disait-il comme si ça expliquait les choses, mais en réalité il devait penser que, de toute manière, c'était inutile d'essayer de me faire comprendre. Il méprisait mon travail, aucun doute là-dessus. Le visage de mon père, avec son sourire qui gagnait jusqu'à ses yeux, avait l'air de porter un masque comique.

— Tu te décides à entrer ?, me dit-il en riant, alors que je restais figé debout dans le jardin, ma sacoche à la main. Mais pour être franc, j'avais peur de la radioactivité. Je suis resté figé là encore un moment, moi en costume face à mon père en kimono de coton. Je crois me souvenir que le chien aboyait dans l'entrée. Mes parents l'avaient adopté après que mon frère et moi étions partis à Tôkyô, alors je n'éprouvais pas spécialement d'affection pour lui.

— Tu es avec quelqu'un ?, a-t-on entendu ma mère crier du fond de la maison.

Mais mon père, son masque comique toujours en place, a répondu :

— Non, personne. Il a continué sur un ton presque théâtral : Ça sera un dîner en tête-à-tête comme d'habitude, profitons-en, suscitant en réponse les rires de ma mère qui nous parvenaient de derrière les portes coulissantes et que je n'avais pas entendus depuis un bon moment.

Je suis parti de là comme un fuyard, et en m'engouffrant dans le taxi que j'avais fait attendre, je versais des larmes que je ne comprenais pas moi-même. Je me disais que je n'étais pas un bon fils, et peut-être aussi était-ce la tristesse de ne pas avoir vu ma mère, alors que je n'étais pas revenu depuis cinq ans. Je me souviens en tout cas que devant mes yeux brouillés par des larmes mystérieuses, la montagne scintillait. J'étais persuadé que c'était un effet de mes yeux embués.

Je n'ai revu ensuite mon père qu'aux funérailles de ma mère. Il n'a pas eu de cancer et a vécu encore vingt-cinq années jusqu'à ce qu'il meure de vieillesse à quatre-vingt-quinze ans. Ma mère est morte trois ans avant lui.

— Ta mère, je ne lui ai pas rendu la vie facile, mais elle a eu une belle mort, me dit-il une fois la crémation terminée. Jusqu'au bout, et je ne plaisante pas, la radioactivité nous a donné une raison de vivre. Je t'en prie... Quand ce sera mon tour, je voudrais que mon corps soit brûlé sur la montagne.

Il était quand même devenu dur d'oreille, et alors que je lui ai répondu : « Pas question », il a entendu : « T'as raison. » Je ne m'en suis rendu compte que bien plus tard, mais sur le moment, il m'a pris la main et a répété « Merci ! Merci ! » je ne sais combien de fois devant l'autel funéraire de ma mère. C'était donc un malentendu, mais en tout cas c'était bien la première fois que mon père me remerciait pour quelque chose.

Mon frère et ma belle-sœur s'étaient contentés de brûler un bâtonnet d'encens lors de la cérémonie au funérarium avant de s'éclipser. Mon frère, qui était expert-conseil dans une entreprise d'électroménager, avait prétexté une réunion, mais aucun doute, en réalité ils avaient peur. Ma femme et moi, on se disputait tous les soirs à propos des effets de l'irradiation à faible dose. Bientôt, on en est arrivé à ne plus se parler, chacun avait l'impression que l'autre était « contaminé », et on s'est séparés. J'avais commencé pour ma part à me dire qu'il y avait quelque chose qui ne tournait pas rond.

J'imagine que vous serez bien d'accord avec moi. Toutes sortes de savants prétendaient des choses diamétralement opposées et s'arc-boutaient sur leurs positions. Les uns disaient que des doses allant jusqu'à dix mille fois la radioactivité naturelle n'avaient pas d'effet néfaste sur la santé, il suffisait d'ailleurs de voir les cosmonautes qui se portaient comme des charmes, alors que d'autres poussaient à dépenser des milliers de milliards pour gratter ne serait-ce que d'infimes quantités de déchets et promouvoir la décontamination. Les défenseurs de l'hormesis contre les adeptes de la prévention, il me semble bien qu'on les appelait comme ça. Il aurait fallu qu'ils se mettent autour d'une table pour discuter calmement, mais c'était comme ma femme et moi, ils en étaient bien incapables. D'une certaine manière, on pourrait dire que notre séparation, c'était un divorce par procuration, ha ha !

Ne pas perdre la face, rien de plus important pour les hommes, à plus forte raison pour les organisations. C'est la Commission internationale de protection radiologique, la CIPR, qui aurait dû organiser cette discussion, mais il n'en a jamais été question. Quant à la société, la tendance générale était à jeter le bébé avec l'eau du bain, non aux centrales nucléaires et non à la radioactivité. Bref, on avait tous perdu notre sang-froid.

Pourtant, comme vous le savez, c'est cette même CIPR qui, après l'accident de la centrale, a suggéré de relever la limite de dose admissible d'irradiation pour les populations de vingt à cent fois la dose normale. Une fois la proposition refusée, ça a été le silence complet, tout comme entre ma femme et moi. Aujourd'hui encore, je ne sais pas qui a raison. Mais il est certain que, centrale nucléaire ou pas, le potassium radioactif ou le carbone contenus dans nos corps émettent une dose importante de radiations. Environ 5 000 becquerels pour un poids d'une soixantaine de kilos. Quoi qu'il en soit, officiellement la CIPR n'a pas modifié par la suite ses recommandations concernant l'irradiation à faible dose. Or, vous êtes là pour voir la montagne de mon père, vous qui participez à une visite guidée des grands sites de la radioactivité, il paraît aussi que les sources thermales au radon sont de nouveau très courues, et que la population du département de Fukushima ne cesse de croître.

Désolé, je digresse, j'étais en train de vous parler des dernières volontés de mon père. Je tiens à préciser qu'il n'est pas mort d'un cancer. Lui qui disait que les cancers, y avait pire, a été emporté par un rhume d'automne tout bête.

C'est ma cousine qui m'a prévenu, et quand je suis arrivé, mon père était étendu dans cette pièce, on avait disposé son corps de ce côté-là, oui près de l'endroit où le monsieur étranger est assis. Ha ha ! J'ai soulevé le tissu blanc qui couvrait son visage et, pour la première fois, je lui ai trouvé une expression grave. On aurait dit qu'on lui avait ôté son masque comique, je ne l'avais jamais vu comme ça.

J'ai réfléchi toute la nuit. Je me suis rappelé ce qu'il m'avait dit lors des funérailles de ma mère, et j'ai commencé à me demander ce qu'il fallait faire pour sa crémation. Mais la réponse est venue tout de suite. Les ossements de ma mère avaient disparu de l'autel familial.

Après le décès de ma mère, il y a huit ans, j'avais pris l'habitude de revenir souvent. J'avais pris ma retraite et je n'avais plus de famille. Ce n'est pas vraiment que je m'inquiétais pour mon père, plutôt que j'avais commencé à me demander si cette montagne n'était pas une montagne magique.

C'est vers cette époque que mon père m'a raconté que le chien était mort, et qu'il l'avait enseveli sur la montagne. Quand mon père est décédé, je me suis assis à son chevet et j'ai regardé l'autel domestique : la photo de ma mère était toujours là, mais les ossements avaient disparu. J'ai tout de suite compris ce qui s'était passé. On était encore au début de l'été, mais c'était une soirée étouffante, sans un souffle de vent.

On entendait les cris des insectes. J'ai gravi la montagne pour la première fois. Sur mon chemin, je me suis rendu compte qu'elle était beaucoup plus haute qu'auparavant. Plus même que maintenant, elle devait bien faire une trentaine de mètres de haut. Je me suis aperçu en montant le sentier sinueux que j'avais dans ma poche mon dosimètre, mais non, je ne m'en suis pas servi. J'ai senti un léger tremblement dans les jambes, mais je n'avais plus peur. Mon père avait fait ce parcours tous les jours, et de même que ma mère il avait vécu tranquillement jusqu'à ses quatre-vingt-quinze ans.

De manière fugace, j'ai perçu la présence de mon père. Pendant que je montais en regardant le sol à mes pieds, dans la pénombre juste percée par le clair de lune, j'ai eu l'impression qu'il était là en haut à répéter en riant « Pas de problème, pas de problème ».

Au sommet, comme je m'y attendais, j'ai découvert deux pierres disposées à un mètre environ l'une de l'autre. Je ne sais pas depuis quand, mais mon père avait placé là, tout en haut de la montagne, les tombes de ma mère et du chien. Alors, vous comprenez, cette montagne, c'est une sorte de tertre.

Debout au sommet, j'ai regardé autour de moi : les enseignes au néon de la ville voisine étincelaient comme d'innombrables étoiles. Il y avait aussi un nombre infini de vraies étoiles dans le ciel, c'était vraiment très beau. Je me suis demandé si mon père n'avait pas fabriqué cette montagne parce qu'il connaissait ce paysage. Je me suis souvenu, je ne sais pas pourquoi, des mots « raison de vivre » qu'il avait utilisés quand ma mère était morte. J'ai cru aussi l'entendre dire : « Tu es avec quelqu'un ? », les derniers mots que j'avais entendus ma mère prononcer.

Quand j'y repense, j'ai l'impression que la montagne brillait vaguement à ce moment-là. Mais sur le moment, j'ai été incapable de faire la distinction avec le clair de lune argenté.

Dès le lendemain matin, je me suis rendu au temple, pour demander au bonze de bien vouloir procéder aux rites des funérailles à la maison. J'ai demandé aussi aux journaux de publier non seulement une annonce de décès, mais aussi un article nécrologique. Parce qu'il m'avait semblé que la mort de cet homme, qui avait décidé d'assumer seul toute la radioactivité non seulement de la ville mais même d'un peu partout dans le département, méritait d'être connue par un grand nombre de gens. J'étais peut-être un peu excité.

Les funérailles, ça a été une sacrée affaire.

Il y a eu plus de cent couronnes de fleurs, et j'étais content aussi que cinq bonzes se soient dérangés, mais qu'autant de personnes soient venues présenter leurs condoléances... On aurait dit des foules et des foules. Plus de deux mille personnes. Le gouverneur du département est venu aussi, plus cinq ou six maires. Mais le clou, ça a été la crémation qui a eu lieu une fois que tout le monde a été parti.

Le bonze était plus que d'accord, quand je lui ai transmis les dernières volontés de mon père. « Oui, faisons-le, incinérons-le au sommet de la montagne », m'a-t-il dit. Une fois les obsèques terminées, son corps a été porté jusqu'au sommet par l'association des voisins, et le cercueil a été déposé sur un bûcher à l'ancienne fait de bûches empilées sur lesquelles on avait posé une planche. On a ensuite enseveli le tout sous une masse de paille de riz, dont on avait un temps souligné la dangerosité. C'était déjà le crépuscule, mais ce feu, je vous le dis, était vraiment magnifique. L'idée d'hormesis avait déjà pas mal fait son chemin dans les esprits, alors il devait bien rester une centaine de personnes au pied de la montagne pour admirer le spectacle. C'est après leur départ que l'imprévu s'est produit. J'avais invité le bonze à boire à la maison quand des crépitements assourdissants nous ont fait sursauter. Je suis sorti pour voir : le feu couvait, non seulement autour de la dépouille de mon père, mais dans toute la montagne.

— Pas de problème.

Ce n'était pas la voix de mon père, mais celle du bonze qui m'avait rejoint.

Dans cette montagne étaient enfouies toutes sortes de choses qui ne pouvaient que brûler, de l'herbe, d'innombrables branches. Ce que le bonze savait parfaitement, mais il m'a assuré que la température ne monterait que jusque vers les cinq cents ou six cents degrés, et que le césium ne commençait à se disperser que passé les sept cents degrés.

— Vous êtes sûr ?

— Oui, pas de problème, pas de problème, tout restera dans les cendres.

Le bonze avait l'air très sûr de lui, c'était peut-être son métier qui voulait ça, ou plutôt son ancien métier puisqu'il paraît qu'il travaillait jadis dans une usine d'incinération d'ordures. Ce « Pas de problème », je ne sais pas qui de mon père ou de lui avait d'abord pris l'habitude de le répéter. Quoi qu'il en soit, nous avons installé une table dehors, disposé des cageots de bouteilles de bière renversés en guise de chaises, pour continuer à boire.

C'est alors que j'ai remarqué le phénomène. Dans ce ciel entre chien et loup, l'air émettait une lueur translucide. Une lumière mauve fluorescente se dégageait de la montagne. On distinguait par moments des flammes, ou de la fumée, mais cette aura violette qui semblait nimber la montagne luisait indéfiniment en repoussant les ténèbres. Comme si le nuage chevauché par le Bouddha Amitabha était descendu du ciel devant mes yeux.

Le feu a ensuite couvé plusieurs jours dans la montagne, qui s'est peu à peu contractée et raffermie. Et le soir venu, elle s'est mise à diffuser une douce lumière. Je ne sais pas comment. J'ai vu défiler toutes sortes de spécialistes venus pour enquêter, mais le mystère reste entier. Après le service commémoratif du quarante-neuvième jour après le décès, j'ai enseveli les cendres de mon père près de la pierre tombale de ma mère, et j'ai l'impression que suite à ça la lumière est devenue plus vive. Vous me direz, je me fais peut-être des illusions.

Regardez, la nuit tombe, on commence à la voir. Allez, nous allons gravir ensemble la « montagne radieuse ».

Inutile de vous bousculer, il n'y a pas de problème. Même si elle a peut-être un peu faibli depuis cinq ans, il y a encore largement assez de radioactivité pour vous irradier.

Mais comme je vous le disais tout à l'heure, cette montagne, c'est aussi un tertre, alors je vous serais très reconnaissant tout d'abord de bien vouloir joindre les mains en prière et de vous incliner.

Merci beaucoup.

Allons-y. Rechaussez-vous tranquillement et sortez. Eh, ne poussez pas ! Je comprends que vous vouliez profiter des radiations le plus rapidement possible, mais il faut toujours rester courtois. Bien qu'on ait de plus en plus de visiteurs étrangers, il n'y a pas encore de brochure en anglais, je suis désolé. *Please come again !* Ha ha !

Regardez ! Cette beauté qu'on ne croirait pas de ce monde ! Transparente, pure, noble, et en même temps vénéneuse. Si c'est bien cette couleur qu'on appelle le lapis, c'est peut-être la descente du Bouddha aux Remèdes plutôt que d'Amitabha ? Avec ces reflets dans le ciel des enseignes aux néons des marchands de souvenir, on se croirait dans le Paradis de l'Est !

Allez, suivez-moi en rang, les uns derrière les autres. Pour le reste, merci de suivre les instructions des accompagnateurs. Pas de problème, pas de problème, des radiations, il y en a pour tous. C'est le parcours fléché 80 millisieverts par tour.

Eh ! Vous ! Pas de resquille ! Partir avant tout le monde pour essayer de faire deux tours, c'est de la triche ! Vous n'allez pas nous faire ça ! Que ceux qui n'ont pas encore revêtu leur tenue blanche ne s'affolent pas non plus. Vous êtes prêts ? Allons-y tranquillement. Purifions tous nos sens[1], il fait beau sur la montagne, purifions tous nos sens, la montagne est radieuse...

1. Incantation prononcée lors d'un pèlerinage sur une montagne sacrée.

POSTFACE

Les nouvelles rassemblées ici ont toutes été écrites en plein milieu de la terrible transformation qui a affecté le réel après la catastrophe du 11 mars. Loin de moi l'idée que plus une réalité est critique, meilleures seront les œuvres qui en sont issues. Mais ces nouvelles sont, je crois, les fruits à maturation presque instantanée de quelques miraculeux moments de concentration quand l'environnement dans lequel je me trouvais me contraignait à produire aussi des textes journalistiques.

« Ce n'est pas le moment d'écrire des romans » : cette voix, je m'attendais à l'entendre à tout moment, moi qui habitais Fukushima après le séisme, le tsunami, l'accident de la centrale. Raison d'ailleurs pour laquelle j'ai publié *Journal de la catastrophe*, *Principes de la prière*, ou encore *Vivre à Fukushima*, pour continuer à faire savoir ce qu'était le présent des zones sinistrées.

Mais, ironie du sort, il s'est avéré qu'écrire des romans m'était tout aussi indispensable pour vivre que respirer, quels que soient les taux de radioactivité relevés dans l'air. Et si j'ai un peu honte de moi-même et de cette particularité, j'éprouve aussi une certaine sympathie envers cet aspect-là de ma personne, ce dont je ne suis pas vraiment fier.

Une fois les textes réunis, j'ai constaté que les insectes en occupaient plusieurs. *Les Grillons, L'Araignée d'eau*... Je ne sais pas pourquoi ils ont ainsi monopolisé mon attention. Parce qu'ils seraient les symboles de la nature ? Peut-être. Par défiance envers l'humanité ? Je ne pourrais sans doute qu'acquiescer vaguement à cette supposition.

Mon idée initiale était d'intituler ce recueil *L'Insecte nu* – nu, sans ailes, sans poils : bref, l'être humain.

Mais je n'ai pas réussi à convaincre Mme Saitô, l'éditrice qui m'accompagne depuis mes débuts. Comme elle tend toujours à le faire quand elle s'oppose fortement à moi, elle s'est mise à argumenter avec un débit très rapide...

Pourquoi le souvenir de ces moments, où pourtant elle me refusait mon idée, est-il si joyeux ? Sans doute parce que j'étais avant tout heureux de voir mes nouvelles écrites après la catastrophe ainsi réunies et publiées.

Et aussi, bien entendu et avant tout, parce qu'elle m'a suggéré le titre qu'il fallait : *La Montagne radieuse (Hikari no yama)*. Dans mon esprit, il n'a cessé de gagner en éclat, comme la montagne lumineuse qui se détache sur fond d'obscurité dans l'une des nouvelles.

Plus que de concentration pour l'écriture, s'agissait-il d'une envolée pour échapper aux ténèbres ? Plus que de fruits, de gouttes gorgées de délicieux césium...

Jour d'équinoxe, printemps 2013.
Le veilleur du temple Fukuju,
Genyû Sôkyû.

Achevé d'imprimer en Espagne par

CPI
BLACK PRINT

Dépôt légal : février 2017